REFLEXÕES
Espiritualistas
— Para uma vida melhor —

REFLEXÕES
Espiritualistas
— Para uma vida melhor —

Monica Buonfiglio

ALFABETO

Publicado em 2019 pela Editora Alfabeto

Direção Editorial: Edmilson Duran
Produção Editorial: Lindsay Viola
Diagramação e capa: Décio Lopes
Revisão de Textos: Luciana Papale

DADOS INTERNACIONAIS DE CATALOGAÇÃO NA PUBLICAÇÃO (CIP)
Angélica Ilacqua CRB-8/7057

Buonfiglio, Monica

Reflexões Espiritualistas, para uma vida melhor / Monica Buonfiglio – 2ª edição – São Paulo: Alfabeto, 2020.

160 p.

ISBN: 978-85-98307-75-6

1. Espiritualidade I. Título

19-1830   CDD 133.9

Índices para catálogo sistemático:

1. Espiritualidade 133.9

Todos os direitos reservados, proibida a reprodução total ou parcial por qualquer meio, inclusive internet, sem a expressa autorização por escrito da Editora.

EDITORA ALFABETO
Rua Protocolo, 394 | CEP 04254-030
São Paulo/SP | e-mail: editorial@editoraalfabeto.com.br
Tel: (11) 2351-4720
www.editoraalfabeto.com.br

Se fizermos de nós um anjo, purificando nossa mente e nossa alma, seremos um anjo. Se fizermos de nós seres instintivos, seremos um gênio do mal. O ser humano é aquilo que pensa, é aquilo que imagina. Se pensa constantemente na guerra, será guerra; se pensa no fogo, será fogo, se pensa no amor, será amor.

Monica Buonfiglio

Sumário

Apresentação 11
1. Alma e coração 13
2. Não tenha medo de mudanças! 16
3. O Eu e o recomeço 18
4. A felicidade ao nosso alcance 20
5. Aprenda a ganhar e a perder 23
6. O momento espiritual da verdade 26
7. Complexo de Jonas 28
8. Renove suas amizades 31
9. Encontrando o par perfeito 33
10. Escolhas: a melhor saída para o impasse 35
11. Carpe Diem 38
12. Não reprima seus sentimentos 41
13. Faça a sua vida valer a pena 44
14. Construção do Templo de Fé 46
15. Todos nós sofremos influências 48
16. O que fazer diante da ingratidão 50
17. Não deixe o desânimo tomar conta de você 52
18. Adaptando-se a mudanças 54
19. Assumindo a própria culpa 57
20. Aprenda a confiar na sua verdade 59

21. Evite usar a palavra "sonho" em seus pedidos 61
22. Não perca a esperança 63
23. Crescimento espiritual 65
24. Sorte: uma maneira de nomear o milagre 67
25. Você pode ser o que quiser 70
26. Por que isso está acontecendo comigo? 72
27. Transforme sua vida com força, foco e fé 74
28. Somos espiritualmente livres 76
29. O sofrimento pode ser uma prova 78
30. O poder da mente positiva 81
31. O princípio da harmonia 84
32. A arte da superação 86
33. Doenças, dependências e a maneira errada de pensar 88
34. Sua vida pode ser maravilhosa 90
35. Comece do zero! 93
36. Pessoas maléficas 95
37. Provas que a vida dá 98
38. Sobre o castigo de Deus 100
39. O livre-arbítrio 102
40. A dor da perda de um ente querido 104

Apêndice A – Anjos 109
Angelologia 110
Hierarquias angélicas 111
Como se relacionar com o seu anjo 113
A bênção dos anjos 117
A escola dos anjos e os vinte minutos de poder (crônica) 120

Apêndice B – O ser como fonte de energia 123

Apêndice C – Carma 132

Apêndice D – Deus, uma forma de expressão 137

Apêndice E – Decretos e Orações 144
Decretos Espiritualistas 145
O poder da oração 150
A oração realmente muda as coisas 151

Considerações finais 155
Bibliografia 157

Apresentação

*Conhece-te a ti mesmo; então, conhecerás Deus.
Ninguém pode conhecer Deus
a não ser que antes conheça a si mesmo.*

*O conhecimento de si próprio
é o primeiro passo para conhecer Deus.*

*Conseguindo a tua salvação,
muitas pessoas ao teu redor
também a conseguirão.*

Pensamento dos antigos padres da Igreja

Refletir significa voltar à consciência do espírito sobre si mesmo para examinar o seu próprio conteúdo por meio do entendimento. Essa é a proposta desta obra, conceder ao leitor respostas às dúvidas e aos problemas que eventualmente possam ocorrer em sua vida, tais como: perdas, medos, escolhas erradas, culpa e provações. Também trata dos anjos, da fé, do poder da oração, do perdão e da renovação. É a partir desses conceitos que cada um de nós entra em contato com a fonte do poder espiritual presente em todo ser humano.

Este livro está repleto de mensagens positivas para fazer seu universo melhor, e serve, também, como um guia, orientando, de maneira geral, a quem a ele recorrer, bem como quais palavras dizer em momentos de aflição. Veja o que os anjos dizem em determinadas situações, leia um versículo da Bíblia que mais se adeque ao momento, faça uma prece ou peça ajuda aos elementais para confortar seu coração. Aqui, você será guiado a interagir com outros livros de minha autoria para complementar a vasta literatura que pode e vai lhe auxiliar no comando de sua vida.

Os versículos citados ao final de cada reflexão foram extraídos do livro *Salmos – interpretados por Monica Buonfiglio*, baseados na tradução hebraica, o que difere, portanto, em alguns deles, da numeração tradicionalmente vista em Bíblias católicas.

Para toda situação de sua vida, sempre haverá um Anjo para lhe guiar, um Elemento para lhe proteger e um Salmo para lhe confortar.

Sugiro que coloque o livro sobre sua cabeceira e, a cada momento de incerteza, abra-o. A página certa se revelará para sua resposta. Ou, se você conhece alguém que esteja enfrentando problemas, empreste o livro para que ele o conforte nos momentos difíceis.

São 40 reflexões que poderão lhe guiar a um período de reavaliação de sua vida. O número 40 tem forte apelo espiritual e aparece diversas vezes na Bíblia, sempre ligado a desafios, crises e dificuldades. O Dilúvio (Gn 7:4); o jejum de Moisés antes de receber as tábuas da lei (Dt 9:9-11-18); a caminhada de Elias até o monte Horebe (1 Rs 19:8); a profecia de Jonas sobre a destruição da cidade de Nínive (Jn 3:4) e o período em que Jesus jejuou no deserto (Mt 4:2) são algumas das passagens bíblicas que tem como base o número 40.

Isso nos mostra que, quando nos solidarizamos com as condições humanas, temos uma sensação de pertencimento. A força do bem sempre está à nossa disposição, basta abrir-se para ela. Somos fazedores de milagres; cabe a nós acreditar.

Sou espiritualista, e muito provavelmente quem está lendo este livro também o é. Escrevi esta obra no meu escritório, que é anexo a minha casa, uma espécie de "santuário", palavra essa proveniente do latim *sanctuarium*, que significa lugar consagrado pela religião. Realmente, um lugar tranquilo, sagrado, onde a divindade pode ser sentida. Espero que sinta a divindade contida em mim, saudando a divindade que habita em você, pois escrevi este livro com a intenção de tocar sua alma!

Namastê!

1

Alma e coração

*Deus nasce mais forte em nós depois de cada vitória.
Depois de cada problema superado.*

A alma pode ser definida como a parte invisível de todo ser vivo, constituída por sentimentos. Ainda é um mistério sentir ou captar o que os outros pensam; somos seres dotados de dúvidas e de desconfianças.

É preciso aprender a dar mais vazão à alma, a penetrar neste universo de sentimentos para obter respostas às dúvidas que temos todos os dias.

Existe certa aproximação poética entre alma e amor, coração e coragem. O amor é inspirado pela alma, e o coração, pela coragem. O amor nos dá coragem para sair das nossas limitações em busca do impessoal e do impossível.

A imensidão é isto: sair das limitações, dos preconceitos, do seu único e exclusivo ponto de vista e da autoilusão – é amar a si próprio.

Os antigos filósofos acreditavam que a alma estava espalhada pelo corpo, sendo responsável pela consciência e pela vitalidade dele. A alma significa um poder invisível, como um ser distinto, parte do nosso ser vivente, manifestando-se por meio de atos, pensamentos, ideias e expressando o que há de mais intenso no amor.

A principal designação da alma, quando indagada, é o "sopro". A própria etimologia da palavra se relaciona ao sopro e ao ar. A alma é também representada como uma substância luminosa, sob a forma de uma chama ou de um pássaro. Muitos gregos acreditavam que o coração era o zelador da alma, que é representada como *psique* ou *anima*, cujo significado é o princípio da vida. Na literatura teológica encontramos a palavra *pneuma*; o sopro puramente espiritual que se dirige para as regiões celestes. A noção de *pneuma*, ou seja, a mescla de ar e de calor vital é muitas vezes identificada como o fogo puro do éter ou a alma do mundo. É a representação máxima da nossa parcela divina e cabe a cada um de nós fazer com que ela seja o veículo inteligente para que atuemos da mesma maneira na nossa vida terrena.

Como não dar vazão a algo tão poderoso como a alma? Para amar de verdade é importante deixá-la livre e respeitá-la como uma força transformadora.

O ser humano não é distinto do espiritual, mas um ser com um espírito materializado. O mais importante é que seus atos sejam elevados, seguindo o mesmo padrão da sua consciência espiritual.

Depois da superação de cada problema, Deus nasce ainda mais forte em nós. Nosso corpo é como um diamante que, aos poucos, é lapidado com o sofrimento, com a luta e com a nossa busca incessante. Uma maravilhosa experiência da natureza que nos torna mais cônscios para a beleza de viver a vida.

Viver não necessita de aprovação, pois, por si mesma, a vida já é aceita. É a vida que gera, nutre, acrescenta, cultiva, aperfeiçoa, mantém e abriga todos os seres. A vida produz, mas não possui; ela atua sem nada ter; promove sem dominar. E é nisso que consiste seu mistério. A vida é forte e magnífica em sua própria essência, mas se mantém sempre quieta na fragilidade e na humildade.

Alguns reagem constantemente aos fatos do dia a dia de modo abrupto, sem que o pensamento interfira. Deixe que os fatos aconteçam de maneira mais serena, para que a luz transite de acordo com seu merecimento. Assim, o corpo se torna espiritualizado e o espírito concreto.

Temos em nós mesmos nosso *Centrum Natural*, se fizermos de nós um anjo, purificando nossa mente e nossa alma, seremos esse anjo. Se fizermos de nós seres instintivos, viveremos "comprando brigas".

O ser humano é aquilo que pensa, é aquilo que imagina. Se pensar constantemente na guerra, será guerra. Se pensar no fogo, será fogo, se pensar no amor, será amor. Ao aceitar a vida com amor, você se torna mais verdadeiro alcançando o *religare* (ligar-se novamente) com Deus, independentemente de sua crença. Somos unos, somos deuses.

> Anjo: Hahasiah – Aquele que ajuda a elevar a alma a Deus, a contemplar as coisas divinas e a descobrir todos os mistérios por meio da consciência e da inteligência. Hahasiah ajuda a trabalhar para encontrar a paz entre as pessoas e a mostrar que quando se está passando por uma dificuldade, isso nada mais é que um meio para se ter acesso à divindade interna e externa.
>
> Elemento: Água – Sempre que sentir o coração apertado, ou se sentir confuso, peça para as Ondinas (elemental que representa o elemento Água) que conserve a pureza de sua alma.
>
> Salmo: 103:1 – Salmo que ajuda a ter consolação, auxilia a elevação da alma, a contemplação das coisas divinas e a descobrir os mistérios por meio da consciência e da inteligência, da alma e do coração.
>
> *Minha alma chama meu Senhor.*
> *Bendito Senhor, meu Deus, quanto é imenso!*
> *De majestade e beleza o Senhor é revestido.*

2

Não tenha medo de mudanças!

> *Evite seus pontos fracos,*
> *mas faça isso sem dizer a você mesmo*
> *o que não pode ou não deve fazer.*
> *Não mascare autodúvida com desprezo.*
> Zadie Smith

Dentro cada um de nós existe uma força fantástica, capaz de nos guiar rumo à saúde perfeita, a um bom trabalho e a relacionamentos compensadores, ou seja, temos tudo o que precisamos para atingir prosperidade e amor.

O ser humano contribui muito para sua atual condição de vida. Por isso, não tenha medo. Experimente coisas novas. Se pensar no medo, nada grandioso poderá ocorrer. A inteligência do Universo está sempre pronta, bastando apenas confiar no poder interior e na intuição.

Felizmente, as pessoas estão começando a aprender que os pensamentos e as palavras têm o poder de criar e de fazer com que algo novo aconteça. Justamente por isso é preciso tomar o máximo de cuidado com o que se fala.

Quando dizemos constantemente a nós mesmos que somos bons, mais fácil fica de fazer mudanças em nossa vida. Portanto, tenha confiança de que algo superior vai protegê-lo, possibilitando que algo maravilhoso aconteça. Permita que novas experiências ocorram, esteja aberto às modificações.

É claro que os obstáculos vão surgir. Não veja isso como impedimento, mas como diferentes possibilidades para superar novos desafios. Mentalize sempre que Deus está orientando você para o caminho do bem.

De modo geral, depois que amadurecemos, culpamos a sociedade pelas consequências positivas ou negativas que ocorrem em nossa vida. Mas é preciso reconhecer as influências benéficas de todos os acontecimentos, por piores que possam parecer no instante em que ocorrem. Caso contrário, o novo não acontece, e o medo domina.

A frustração, o desamparo, a raiva ou o choro indicam que a pessoa ainda não cresceu. Você acha que é possível realizar algo grandioso dessa maneira? Não. Isso só mostra um comportamento imaturo.

Se abra para o novo, mas sem se autossabotar, não negue as suas necessidades a si mesmo, se arrisque, você sabe que é capaz!

Coragem! Não se limite. Ame a si mesmo e não espere que ninguém vá cuidar das suas carências e de seus problemas.

Se usar toda sua potencialidade, conseguirá usufruir da energia benéfica do Universo. Expresse seus talentos e seja o primeiro a acreditar que sua vida já deu certo. Vença seus medos e seja feliz.

> ANJO: Miguel – É o Arcanjo da coragem e da proteção divina. Mas fique atento: o medo geralmente é proveniente do comportamento do Gênio Contrário.
>
> ELEMENTO: Fogo – Invoque as Salamandras (elemental que representa o elemento Fogo) para que lhe dê coragem para enfrentar as mudanças.
>
> SALMO: 45:10 – Salmo que é usado para fortalecer a fé. Favorável para recomeçar a vida. Beneficia mudanças definitivas, que resultarão no triunfo final de todos os esforços.
>
> *Não persista no erro.*
> *Veja com os olhos de seu coração que sou Deus,*
> *Excelência entre as nações, Senhor da Terra!*

3

O Eu e o recomeço

*O coração humano tem cordas
que é melhor não tocar.*

Charles Dickens

Uma palavra mágica e pequena, mas que encerra todas as outras palavras onde tudo flui e para o que tudo reflui: Eu.

O Eu simboliza o que se pensa e, ao mesmo tempo, o próprio pensamento. É o que cria e o que pode destruir. No mais íntimo e profundo ser de cada um de nós, mora nossos anjos e nossos demônios, a nossa essência, o âmago que concentra a grande força vital. Para acalmar os demônios, é preciso antes encontrar o seu próprio Eu. Para agradar os anjos, só é possível e, tão somente, por intermédio do seu Eu.

Quando estamos afastados do nosso Eu, podemos ser dominados pelo medo, pela ira ou pela ganância. Podemos ser invadidos por sentimentos complexos e, com isso, estarmos sujeitos a muitas formas de autodestruição. Só alcançamos verdadeiramente a Deus quando desenvolvemos o nosso Eu. Só é possível recomeçar se usarmos e dermos importância a essa palavra mágica. O Eu é o único caminho da felicidade.

Todas as civilizações, as raças e as religiões conseguiram detectar o Eu e desenvolveram métodos diferentes para chegar até lá. Uns oram, outros meditam, alguns estudam, cada um faz do seu modo. Todos esses métodos têm, como princípio e como ponto em comum, a introspecção, o isolamento e o silêncio. É assim que se chega à consciência para recomeçar.

Começar significa ir ao princípio, fazer a primeira experiência ou a primeira tentativa. Só existe uma maneira, uma única forma de se olhar para dentro em busca do nosso Eu que pode ter se perdido no caminho: trilhar todos os caminhos válidos para se chegar até Deus.

Mas lembre-se de que são apenas caminhos. E que em qualquer direção que seguir vai existir o bem e o mal, as verdades e as mentiras, a compreensão e a intolerância.

Tanto Deus quanto o demônio estão presentes em todas as estradas do espírito. Cabe a nós, exclusivamente ao nosso livre-arbítrio, fazer a escolha, diariamente.

Ouvimos nossa voz interior e ela nos diz para onde devemos ir. O perigo reside nos momentos de fragilidade. Quando sentimos dor, saímos em busca de consolo, procurando respostas plausíveis para nossas dúvidas.

Mesmo aqueles que buscam a luz, às vezes, quando fragilizados, tendem a se deixar atrair pelas trevas.

Procuramos flores, mas à nossa volta se abre um campo fértil para todo tipo de ervas daninhas. Acreditamos nos maiores absurdos, somos dominados pelo medo, a insegurança toma conta do nosso cotidiano; ficamos calados até diante de atos de terrorismo.

Ao estarmos atentos ao nosso Eu, podemos perceber que um período de dificuldades pode representar desespero, mas, para muitos, para aqueles que realmente se importam, pode representar a esperança para recomeçar.

ANJO: o nosso Eu é protegido por nosso Anjo da Guarda pessoal. Descubra o seu pela sua data de nascimento.

ELEMENTOS: Todos – Nosso ser se completa com os quatro elementos (Terra, Fogo, Ar e Água), e o Espírito (Éter).

SALMO: 56:5 – Salmo que auxilia na harmonia e no equilíbrio entre o espírito e a matéria e ajuda a ter maturidade e domínio sobre o Eu espiritual e físico.

Senhor, meu Deus!
Manifeste Sua majestade no alto dos céus,
e por sobre toda a Terra brilhe Sua esplendorosa glória!

4

A felicidade ao nosso alcance

*Não existe um caminho para a felicidade:
a felicidade é o caminho.*

Sidarta Gautama

Após anos de dificuldade, o rabino Eisik, filho de Yekel que morava na Cracóvia, recebeu em sonho uma ordem para procurar um tesouro na cidade de Praga (República Checa) debaixo de uma ponte que conduzia ao Castelo Real.

Como o sonho se repetiu por três vezes, o rabino decidiu viajar para lá. A ponte era guardada dia e noite e, por isso, ele não tinha chance de cavar para encontrar o tesouro.

Contudo, ele andava pela ponte desde a manhã até o final de cada dia, com isso, atraiu a atenção do chefe dos guardas que lhe perguntou:

– Está esperando alguém?

Eisik contou o sonho que teve. Depois de ouvi-lo, em gargalhadas, o guarda perguntou:

– Pobre senhor, foi por causa desse sonho que percorreu todo esse caminho com esses sapatos velhos? Veja só! Até que ponto é possível confiar nos sonhos. Olhe para mim. Eu próprio já deveria ter seguido para Cracóvia, na Polônia, para procurar um tesouro que estaria sob um fogão no quarto de um judeu chamado Eisik, filho de Yekel. Mas veja o tamanho do absurdo. Imagine a dificuldade para demolir metade das casas, em um lugar onde a maioria dos judeus tem o nome Eisik e a outra metade Yekel!

O guarda terminou a frase, deu um tapa nas costas do rabino e foi embora. Eisik se curvou em sinal de agradecimento e regressou à Cracóvia.

Ao chegar à casa, cavou debaixo do fogão e encontrou um tesouro. Em agradecimento, mandou construir uma sinagoga.

Essa história ensina que não devemos buscar a felicidade no exterior, mas em nós mesmos. Mas o que é a felicidade?

Ser feliz significa estar em perfeita satisfação íntima e em grande contentamento. Assim, tanto eu como você temos a capacidade para sermos felizes.

A felicidade não é um dom reservado a poucos. Mas por que, então, a grande maioria das pessoas não conhece esse sentimento? Por que algumas pessoas, apesar dos obstáculos terríveis que acontecem em suas vidas, se mostram felizes, enquanto outras são extremamente abaladas por situações muito menores? A resposta é simples. O ser humano é reduzido a valores quantitativos, ou seja, somos avaliados pelo "ter", muito mais do que pelo "ser", produzindo uma sensação infinita de vazio.

A mente pode se colocar em contato com aquilo que constitui a fonte de toda felicidade, e esse contato pode ser mantido, independentemente da educação e das exigências da vida.

Os momentos de felicidade acontecem quando realizamos, por exemplo, algo difícil que vale realmente a pena, e isso não está relacionado com ter ou não dinheiro.

O dinheiro é o caminho, não o destino. A humanidade está condicionada a vincular o poder de compra que tem, com a felicidade que almeja. Ter dinheiro é essencial à vida, só não pode ser o responsável pelas escolhas que fazemos. O Universo é abundante, todos temos direito a usufruir disso.

Não deixe que as dificuldades tomem conta da situação. Supere-as. Se jogarem pedras no seu caminho para bloquear sua passagem, retire-as. Transforme essas pedras em degraus de uma escadaria que você vai construir para uma vida repleta de vitórias.

Diz o ditado popular que "a felicidade é um estado de espírito". E isso é verdade, ninguém pode ter prazer com a infelicidade, ao contrário, quanto mais a felicidade nos atinge, maior é a necessidade de participação com a natureza divina.

As pessoas não percebem que as melhores experiências acontecem em casa, com seus familiares. Não é na mão de um estranho que somos felizes. Não deposite cegamente a sua felicidade a qualquer um.

Em *O Mal-Estar da Cultura*, Freud questiona a capacidade dos seres humanos em se tornarem felizes. Ele indica três fontes como responsáveis pela ausência de felicidade: o poder superior à natureza, a fragilidade de nosso próprio corpo e a deficiência das disposições que regulam os relacionamentos dos seres humanos na família, no Estado e na sociedade. Alegando que, quanto às duas primeiras, o juízo humano não pode hesitar por muito tempo. Freud aponta que somos forçados a reconhecer essas fontes de sofrimento e a nos resignarmos com a sua inevitabilidade. O homem nunca será capaz de dominar a natureza por completo, pois ele próprio constitui uma parte da natureza. Sendo assim, se o homem não pode suprimir todo o sofrimento, pode pelo menos suprimir uma parte dele.

Mesmo quando estivermos iniciados em todos os segredos do mundo, o nosso tesouro sempre estará permanentemente pronto a ser desenterrado do chão onde está o fogão da nossa própria casa.

Portanto, desfaça-se ou afaste-se das coisas que faz com que sofra, e dedique-se a algo que valha a pena!

ANJO: Hahahiah – Anjo que tem uma profunda felicidade interna, compreendendo, assim, o mundo e as pessoas com facilidade.

ELEMENTO: Terra – Esse elemento facilita o contato com a realidade, permitindo-nos atingir resultados mais objetivos. Terra atrai abundância em todos os sentidos, inclusive de felicidade.

SALMO: 111:5-6 – Salmo da felicidade de quem se considera justo. Concede vida próspera e faz surgir novas ideias.

Feliz é o homem que tem compaixão, partilha seus bens,
e, com justiça, dispõe de seus negócios.
Este jamais sofrerá abalo algum, pois a memória do justo é imortal.

5

Aprenda a ganhar e a perder

> *Aquele que não faz uso de todo o potencial de sua vida de alguma maneira diminui o potencial de todos os demais. Se fôssemos todos mais corajosos e temêssemos menos a possibilidade de sermos perversos, este seria um mundo de menos interdições desnecessárias e de melhor qualidade.*
>
> Nilton Bonder

Muitos procuram explicações místicas para a sua queda. Não viva na irrealidade e não fique exaurido nadando contra a maré. Feliz é aquele que não se deixa perder na desesperança.

A experiência de colocar o pé no fundo do poço também é mística. Todo aquele que já viveu no topo e conheceu as maravilhas oferecidas, ou que já passou por dificuldades e sofrimentos, deve ter a sabedoria para recomeçar.

Quem já possuiu dinheiro, posição social ou trabalho, e acabou perdendo tudo, não deve desperdiçar suas forças e seu tempo em lamentações que nada resolvem. Deve sim, procurar, e sem demora, uma forma de dar a volta por cima e de "deixar que os mortos enterrem os seus mortos".

A sabedoria indiana ensina: "Quando o sofrimento vem em ondas, umas sobre as outras, alegre-se, pois a praia está chegando. Enfrente-as bravamente. Não se comporte como os covardes".

Não espere, comece agora. Crie um ambiente repleto de transformações na sua vida, envolva a sua família nisso, eles são o que de mais precioso você tem.

Assim como as moléculas de ar que se precipitam rapidamente para ocupar lugares vazios, seu espírito precisa de tempo para se recompor. Portanto, usufrua do conhecimento adquirido em um momento difícil e viva a vida intensamente!

Volte seu pensamento para o presente. Esqueça o passado. Se você falhou, como já falharam muitas pessoas de sucesso, dê a volta por cima. Limpe as lágrimas, pense em uma vida nova, não há tempo a perder. Se caiu, não se lamente no lodo; levante e prossiga com mais prudência.

É totalmente inútil ficar desanimado. Se houver perseverança, o sucesso virá. A única certeza que se tem a partir de agora é a de que não cometerá o mesmo erro novamente.

O dia a dia não pode se resumir apenas em ganhar dinheiro e alcançar o poder, não acredite inutilmente que é isso que traz felicidade. A vida é muito mais.

A missão espiritual de todo ser humano deve estar concentrada nas forças para ajudar o mundo a melhorar.

O rabino e escritor brasileiro Nilton Bonder, em seu livro *A Cabala do dinheiro*, explica que a vida é um constante oscilar. Dessa consciência, vem a frase *Ierida tsorech aliá hi*, ou seja, "a descida é parte necessária para a subida". E em seu livro *A Arte de se salvar*, Bonder diz: "Para que um indivíduo se entregue à esperança e não ao desespero, é imprescindível algum nível de integração da realidade da Verdade a do Amor. Como céus e terra que se beijam suavemente no horizonte, a Verdade é irredutível ao Amor, mas a partir de um se pode chegar ao outro. O simples conhecimento da realidade da Verdade não é em si um antídoto para o desespero. Muitas vezes essa dimensão é confundida como sendo a própria dimensão da desordem, do caos. Somente por meio da integração e da incorporação da dimensão da Verdade à nossa vida, como a expressão de uma ordem de natureza distinta, é que se consegue conter o impulso ao desespero. A fé, portanto, não é a capacidade de esperar por aquilo que gostaríamos que acontecesse, mas, acima de tudo, é a capacidade de integração daquilo que está além do nosso querer. É a quase impossível tarefa de encontrar alegria na concretização daquilo que deve ser. É um nível de entrega que não se alcança por meio da reflexão, mas pela constante arte de saber honrar e celebrar as perdas e os ganhos da vida".

Qualquer pessoa que experimentou um tempo de abundância deve entender que ocorrerá o período da queda. O ciclo da descendência deve ser entendido com a certeza de que vai retomar a ascensão.

> Anjo: Haaiah – Anjo que ajuda a ganhar ou a fazer os processos e julgamentos favoráveis à sua causa e auxilia o homem nas coisas e nos atos divinos. Haaiah ajuda a entender que as leis terrenas podem e devem ser mudadas, e que as leis do Universo devem ser respeitadas, pois elas nunca podem ser transgredidas, e nos faz ver que a palavra destino é sinônimo de mudança e renovação.
>
> Elemento: Ar – Símbolo da mente assertiva e da sabedoria. O Ar, quando em equilíbrio, contribui tanto para a racionalidade quanto para a criatividade. É o elemento que proporciona ao indivíduo a capacidade de se programar, podendo assim avaliar e propor soluções assertivas para os problemas.
>
> Salmo: 28:10-11 – Salmo que favorece a capacidade de administrar bens materiais. Dá consciência de que os lucros foram conquistados devido à força e ao sacrifício. Beneficia a conservação de tudo o que foi construído.
>
> *Acima de todos os dilúvios está o Senhor,*
> *em Seu trono, que durará eternamente.*
> *Todos conhecem Seu poder!*
> *Seu povo o Senhor abençoa, e lhes dá o benefício da paz!*

6

O momento espiritual da verdade

*Ajuda-me, Senhor, a expressar com minhas palavras
Tua verdade envolta em Tua beleza.*

Khalil Gibran

É importante viver o presente de maneira satisfatória, evitando a ilusão, caso contrário, sua vida resultará em frustração. A transformação interior deve ser alcançada por força da determinação individual e da responsabilidade.

Na angelologia (estudo dos anjos), isso é chamado de "momento espiritual da verdade" ou "contato com o Eu Superior". É quando nos sentimos felizes por algo que estamos fazendo, criando ou realizando. É o momento em que antecede a mudança; uma transformação evolucionária da nossa consciência.

Esse momento depende da nossa iniciativa pessoal, que pode acontecer como uma revelação, um clarão de uma ideia, a mudança da nossa percepção religiosa ou algo que vai nos tirar da ilusão sobre a qual construímos um alicerce. Também ocorre quando expressamos com coragem nossa opinião para desencadear algo que vai fazer toda a diferença, modificando nossa vida para sempre. Nesse instante, tudo se tornará urgente para iniciar um novo propósito, uma nova intenção na vida, porém, com mais coerência.

A verdade deve estar acima de qualquer sentimento, já que é positiva e fecunda, enquanto a mentira é estéril. É a certeza interior que se torna poderosa, na mesma medida que qualquer coisa contrária é ultrajante.

Neste momento angélico que vivemos, muitos poderão ter a sensação de terem sido lançados à plenitude, pois a antiga identidade vai terminar e tudo o que não deu certo será enterrado para que um novo ciclo recomece. Viver esta nova vida vai se tornar prioridade, porque se faz urgente enfrentar o desconhecido.

Este momento de verdade é um novo propósito que pode até nos conceder momentaneamente a tristeza, mas nunca o desespero. Pode até fazer com que nos sintamos pobres, mas não miseráveis; perseguidos, mas nunca vencidos.

ANJO: Hahahel – Anjo que protege a palavra verdadeira de Jesus. Auxilia as pessoas que amam a verdade e são cumpridoras de seus deveres e de suas obrigações. Pessoas que nascem sobre a influência desse anjo têm vontade de ter filhos, para que estes continuem os ensinamentos da verdade.

ELEMENTO: Éter – Representa as verdades ocultas e o conhecimento. É a quintessência, o elemento que reforça nossas crenças na espiritualidade. O Éter transcende todos os nossos Eus para buscarmos dentro de nós mesmos a perfeição.

Salmo: 119:1-2 – Salmo que ajuda a descobrir os enigmas da religião e fortalece a palavra verdadeira de Jesus. Favorece a boa sorte, a felicidade e a comunicação para o aprendizado dos mais diversos assuntos. Auxilia as pessoas ligadas ao sacerdócio a encontrarem a paz.

Chamei o Senhor em um momento de desespero,
Ele prontamente me atendeu.
Livre-me, Senhor, dos lábios que mentem
Livre-me da língua que engana.

7

Complexo de Jonas

*Todos os caminhos são bons.
A condição é que a gente não pare
no meio do caminho.*

Jean-Yves Leloup

O historiador Frank Manuel chamou de "Complexo de Jonas" o comportamento humano que remete à uma história bíblica: o medo de atingir o sucesso!

Jonas vivia tranquilamente em uma cabana. Um dia, Deus o chamou para ir a Nínive para falar sobre Suas obras, mas ele se negou, tomando um barco em direção oposta à cidade. Durante a viagem, a embarcação quase afundou. Quando os tripulantes descobriram que o incidente fora provocado pela desobediência de Jonas, o atiraram ao mar. Jonas foi engolido por um grande peixe e passou três dias no seu interior, até que, finalmente, foi devolvido à praia. Depois disso, aceitou sua missão para falar sobre Deus.

Dentre outros significados, a história de Jonas se refere a pessoas que temem o sucesso, que não aceitam a responsabilidade de serem diferentes e, por isso, são rejeitadas. E também às pessoas que se recusam a seguir aquilo para qual foram predestinadas, seja por negação, seja por obstinação, seja até mesmo por falta de visão perante as oportunidades. O indivíduo assim prefere renunciar à originalidade e viver isolado, conformado com seu destino, dizendo que o dinheiro atrai a inveja, a infelicidade, e que o melhor a fazer é deixar as coisas como estão.

Quem tem pouca autoestima não consegue suportar o êxito, especialmente se, na infância, teve um convívio com pais problemáticos. Por isso, ao melhorar seu padrão de vida, a tendência é se autossabotar até fracassar, pois não se considera merecedor.

Isso pode acontecer com artistas, com jogadores de futebol ou até com jovens em início de carreira que sentem culpa por ganharem mais dinheiro que seus pais. E fica aqui um alerta importante: o risco de pessoas com falsas intenções explorarem essa fraqueza. Portanto, assuma seus próprios sucessos antes que outros o façam por você.

Em muitos casos, enquanto os planos de sucesso para o futuro estão na suposição, não existe o confronto, mas quando ocorre um avanço na carreira, a pessoa até adoece.

Sigmund Freud, o criador da psicanálise, dizia que "quem tem Complexo de Jonas sonha os mesmos sonhos repetidas vezes". Assim, o fracasso acaba se tornando mais cômodo que o sucesso. Na verdade, a pessoa teme a todo o momento a repercussão de suas palavras e a rejeição que elas podem causar (o próprio Freud, ao receber o título de mestre, entrou em depressão e adoeceu).

Em menor ou maior grau, somos naturalmente ansiosos; passamos a vida reclamando da falta de sorte, porém ela vive batendo à nossa porta, mas poucos a abrem, já que a grade mental impossibilita essa visualização.

Deixe de lutar contra sua missão; seu coração deve ficar preenchido de alegria. É o amor combinado com sua vocação que faz com que tenha, a cada dia, mais confiança.

Abandone a ideia de lutar contra si mesmo e confie no poder da sua vocação para transformar o mundo. Se Deus o chama, significa que está preparado. Então, não perca tempo, pois poucos são os escolhidos.

Sucesso, no entanto, é saber construir um estado de espírito positivo, no qual a pessoa se sinta forte, imbuída da energia que a tudo permeia. É saber transformar a sua vida em uma experiência divina e abençoada em toda a sua plenitude. Sucesso é se sentir capaz, é colher os frutos daquilo que plantou positivamente.

A sensação de pertencimento leva ao sucesso. Não importa o tamanho daquilo que almeja, ter sucesso não é sinônimo de ter posses, mas, sim, de pertencer. Está tudo bem quando temos pequenos fracassos, pois, se ficarmos atentos aos motivos que nos levou a esse fracasso, saberemos o caminho que nos levará à vitória. E está tudo bem também se demorarmos para perceber o que é sucesso, o importante é ser cuidadoso e ter disciplina para nutrir a energia e o estado de espírito que nos mantêm permanentemente iluminados.

Mantenha o tempo todo a expectativa de que o melhor está por vir e o sucesso virá. Coisas boas estão para acontecer, esse é o mecanismo que funciona. Seja positivo e acontecimentos magníficos virão. Pessoas abençoadas se aproximam de quem tem alegria e faz a alma brilhar.

Anjo: Omael – Anjo que incentiva a pessoa a ter confiança inabalável em si mesmo e a lutar sempre por grandes ideais. Mas atenção: os anjos predizem a vitória, o sucesso e a realização em todos os sentidos, mas caberá a cada um escolher a caminhada sobre as linhas do destino.

Elemento: Fogo – Incentiva o otimismo e a coragem de assumir riscos e enfrentar desafios. Quando precisar de disposição, iniciativa e coragem para vencer os desafios, recorra a esse elemento.

Salmo: 70:1-2 – Salmo que dá paciência às pessoas que estão em desespero e é benéfico contra a preguiça. Ajuda na resolução dos problemas mais difíceis e dá auxílio às pessoas atormentadas.

No Senhor procuro paz, não quero me sentir perdido.
O Senhor é justo, livre-me e defenda-me.
Ouça-me, Ó, Deus e salve-me.

8

Renove suas amizades

*A amizade só sobrevive ao tempo
quando renovamos o conteúdo diariamente!*

Padre Fábio de Mello

Usamos a palavra *energia* com frequência. Sabemos que a energia exerce força por meio de um sistema que pode ser transformável, capaz de provocar fenômenos nos sistemas físicos e que, mesmo quando transformada, consegue ser conservada. O primeiro princípio da termodinâmica diz que "a energia não pode ser criada, mas transformada".

Toda energia está carregada de vibrações sutis; as positivas fluem mais facilmente e as densas, mais lentamente. Se no seu dia a dia estiver sentindo que sua energia está "estagnada", isso é um indicativo da necessidade de transformação.

Quando sentimos que "as coisas não andam", é importante harmonizar nosso fluxo de energia e entender o que está acontecendo, para então iniciarmos um novo ciclo.

A cabala ensina que toda ação desencadeia uma série de outras ações que vão influenciar sua vida, depois a vida dos seus filhos que, por sua vez, influenciarão outras sete vidas e cada uma dessas vidas tenderá a influenciar mais sete, e assim por diante. É hora de refletir o que é prioridade ou qual assunto deve ser enterrado de uma vez por todas. Comece fazendo algo simples, como uma reavaliação de quem são realmente seus amigos e com quem vale a pena continuar a amizade ou não.

Selecione, priorize, ajude quem deve ser ajudado e atenda quem precisa ser atendido, caso contrário, "apague" da sua vida. O sofrimento mental, a angústia ou a dor levam à tristeza e até à debilitação da saúde, já que muitos "amigos" são vampiros de energia e não contribuem em nada para sua vida, ao contrário, só o prejudicam.

Estar sempre ajudando sem receber nada em troca, ou acreditar que os problemas dos outros são mais importantes do que os seus, é dar espaço para débitos e não para créditos. O momento agora é o de se preservar e de elevar seu respeito para ser respeitado.

Remodele seu perfil de amizades e tente fazer isso da maneira mais clara possível. Renove o relacionamento com as que ficam e mande embora quem não lhe faz bem, quem em nada lhe acrescenta. Não seja vítima de si mesmo ao achar que deve fazer pelo outro aquilo que gostaria que fizessem por você. Liberte-se! Faça o mesmo com o seu relacionamento afetivo, caso não esteja indo bem, e analise também como estão suas amizades no setor profissional.

Não sinta culpa ou remorso, aprenda a dizer "não"; pense em você em primeiro lugar. Sua energia agradecerá e a vida vai acontecer de maneira mais harmônica.

Anjo: Umabel – É pertencente à ordem dos Principados, anjos que valorizam as amizades sinceras e compreendem a todos sem críticas. Umabel é o anjo que ajuda a obter novas amizades e protege as que são verdadeiras em sua vida.

Elemento: Ar – As atividades sociáveis são regidas pelo elemento Ar, que tem como característica a energia que favorece a intelectualidade e as relações de amizade. Porém, cuidado para não acreditar demais nas pessoas e se deixar enganar por falsas amizades.

Salmo: 122:7-8 – Salmo que favorece a amizade com pessoas influentes e auxilia na regeneração de pessoas socialmente desajustadas.

Só Deus ergue o indigente e o pobre da Terra. Para depois igualá-los aos príncipes, que são os chefes de Seu povo eleito.

9

Encontrando o par perfeito

*O sapato que se ajusta a um homem aperta o outro;
não há nada para a vida que funcione em todos os casos.*

Carl Jung

O amor não pode ser tratado como algo relacionado à sorte ou ao azar; não é essa a questão. Nesse universo de relacionamentos possíveis, o que mais importa é ser verdadeiro.

Ter ou não sorte no amor está intimamente ligado à sua autoestima. O amor está relacionado a gostar de si próprio. Como ser bem-sucedido no amor se não gostar de si mesmo, se não se amar?

A autoestima não é algo herdado geneticamente, mas adquirida pela observação. Ao se valorizar, estará automaticamente atraindo o que há melhor nas pessoas para você. Ter sorte no amor, portanto, é o resultado de fatores como: se amar e amar ao próximo como a si mesmo; evitar se autodenegrir; estar livre de preconceitos; não se maltratar e, consequentemente, não destratar os outros.

É essencial que, para encontrar a pessoa certa, aquela que você idealiza em seus sonhos, deve deixar que as coisas fluam naturalmente. Você já ouviu dizer que não se deve apressar o curso do rio, porque ele corre sozinho?

Seja mais tolerante. Compreenda que todos têm direito à sua própria opinião e à sua maneira de ser, independentemente de concordarmos ou não, o mundo tem de abrigar seres de diferentes pensamentos para que possa evoluir.

Algumas pessoas, embora atraentes, não conseguem encontrar um amor. Isso ocorre porque o padrão de energia dessa pessoa pode estar estagnado no chacra sexual, atraindo somente relacionamentos complicados ou passageiros. Portanto, ao mudar sua energia, a possibilidade de encontrar alguém que pode contribuir para transformar sua vida para melhor é garantida.

Mas não se iluda! Fora ensinado a nós, mulheres, desde a infância, que existe um príncipe encantado que vai nos encontrar e nos fazer felizes. E os homens, por sua vez, foram ensinados que têm de salvar a donzela frágil e em apuros. Indo na contramão disso, o verdadeiro encontro com sua alma gêmea, a famosa "pessoa certa" não está contida em contos de fadas, ela vem de uma realidade na qual o seu par esteve procurando por você tão intensamente quanto você a procurou.

Se abra a esse encontro, deixe que as pessoas se aproximem de você não por querer ser salva ou querer salvar alguém. Mas por querer viver um momento único de afeto e compreensão.

Seu par perfeito vai ser sempre aquela pessoa que lhe faz bem!

ANJO: Nanael – Quando quiser ter um relacionamento sólido, procure este anjo. Nanael é dotado de grande afetividade e vive em função do amor; tudo que é belo o comove.

ELEMENTOS: Água e Fogo – A Água é o elemento das emoções e o Fogo é o elemento das paixões, mas também da razão. Uma combinação perfeita para um bom relacionamento.

SALMO: 118:24 – Salmo que auxilia na inconstância dos relacionamentos e nas intrigas. Afasta o sentimento de culpa, a autopunição e as brigas e maus conselhos de pessoas que querem interferir na vida familiar.

Os preceitos do Senhor são minha fonte de alegria.
Meus conselheiros verdadeiros, Suas prescrições.

[Daleth: o princípio ativo do Universo, que significa amor, gentileza e fraternidade. O poder, o Graal, o estudo].

10

Escolhas: a melhor saída para o impasse

Quando você precisa tomar uma decisão e não toma, está tomando a decisão de não fazer nada.

William James

Escolher é respeitar o seu desejo em primeiro lugar. Não é possível fazer uma escolha sobre algo que mudará sua vida, pensando nos outros. Lembre-se de quem é a pessoa mais importante nesta história.

Passamos a maior parte do tempo fazendo escolhas, o que implica dizer que somos o que escolhemos; um processo resultante de um pensamento que envolve um julgamento.

Os psicólogos e psiquiatras informam que, ao tomarmos uma decisão, usamos um "arquivo" da memória e conseguimos calcular, naquele momento, os benefícios daquela decisão, ou seja, sempre fazemos as escolhas que são boas para aquela questão, pois o cérebro age muito rápido, fazendo um ensaio de uma futura mudança no estilo de vida. Assim, antecipamos os resultados para que possamos encontrar a melhor saída para o impasse.

Quando escolhemos entre X e não Y, muitas vezes teimamos em dizer que a resposta veio do nada. Na verdade, o cérebro procurou no arquivo-memória todos os prós e os contras dessa decisão e a resposta final coube a um pequeno detalhe que fez toda a diferença.

Não tenha medo de escolher, já que isso não será um impulso, como pode parecer para alguns, mas algo que já foi planejado sem que se perceba.

Use a criatividade, elabore uma boa resposta e dê mais significado às suas escolhas. Explique corretamente aos outros o motivo da sua decisão.

Uma dica de um exercício simples é escrever em um papel no lado esquerdo a palavra "agora" e no lado direito "depois". Descreva abaixo de cada item dez sentimentos que traduzem o que pode definir (ou não) uma nova postura; se estiver faltando itens no "depois" é melhor esperar.

Claro que nem sempre ganhamos. Tomar atitudes consiste em assumir acertos e erros. Devemos sempre nos lembrar de que emoções interferem em decisões, mas também não dá para decidir tudo usando apenas a razão.

Ao longo da história, a ciência vem mostrando que mulheres tendem a agir mais pela emoção e os homens mais pela razão. Na espiritualidade isso hoje já não é mais visto dessa maneira. Somos todos frutos de uma mesma missão divina, somos todos iguais e, como seres unos que somos, a razão e a emoção devem estar em equilíbrio dentro de nós. Temos o dever de fazer nossas escolhas levando em conta o que é melhor para nós e para os outros.

Assim, tanto os homens quantos as mulheres devem desenvolver os dois lados e, consequentemente, tomar as melhores decisões. É possível, entretanto, saber se a pessoa tem um bom equilíbrio mental, moral e ético mediante suas escolhas.

É preciso ter consciência das consequências adquiridas diante das escolhas que fazemos, pois são elas que vão definir nossos sucessos ou nossas derrotas. Precisamos nos posicionar frente as situações que se apresentam de forma clara e concisa.

A demora nas tomadas de decisão pode nos levar a um círculo vicioso de falta de atitude. Sentir-se confuso é natural, a liberdade de poder escolher pauta-se na possibilidade que temos em escolher, é isso que difere o ser humano.

Que haja força dentro de você para as realizações acontecerem, passos precisam ser dados. Se posicionar é um desafio. Ficar demasiadamente indeciso pode até mesmo nos adoecer. Não se coloque como refém de uma escolha, viver sem um posicionamento ou se prender às escolhas dos outros pode ter um preço muito alto, pois, em um momento de consciência, uma postura negativa pode se apresentar, desobrigando-nos da responsabilidade da escolha.

Não decida sobre algo importante quando está muito feliz ou muito triste, já que, dessa maneira, não é possível avaliar corretamente o que é melhor. Também leve em conta o quanto essa decisão vai afetar as pessoas próximas a você. Seja cauteloso em suas decisões e peça sempre ajuda ao seu anjo guardião e aos seus mentores.

> ANJO: Aladiah – Anjo que ajuda na escolha do melhor caminho ou de uma oportunidade, e é defensor de uma sociedade mais justa.
>
> ELEMENTOS: Fogo e Água – Por ser o elemento da mente superconsciente, o Fogo traz razão que, em equilíbrio com o elemento Água, que é emoção, ajuda a fazer com que as decisões sejam mais assertivas. O Fogo traz coragem para assumir riscos e enfrentar desafios, e a Água o discernimento necessário para que as decisões não sejam impulsivas.
>
> SALMO: 72:1 – Salmo que favorece o equilíbrio, a integridade e a disciplina e concede decisão e prontidão. Dá a capacidade de reconhecer a tentação e de evitar o mal, ajudando, assim, a nos livrar de escolhas erradas.
>
> *Dê-me, Senhor, a disposição de reconhecer*
> *igualmente o direito de cada um.*
> *Conceda a mim, rei Salomão, Sua enorme justiça.*

11

Carpe Diem

> *Há três coisas que não voltam mais:
> a pedra lançada, a palavra proferida
> e a ocasião perdida.*
>
> (Anônimo).

O filósofo Horácio (65 a.C – 8 a.C.) lançou a sentença: *Carpe Diem Quam Minimum Credula Postero*, ou seja, "colha o dia e aproveite o momento". Em outra tradução: "aproveite o dia presente e não queira confiar no dia de amanhã". Os latinos escreveram *Age Quod Agis* "faz bem o que está fazendo" e Goethe poeticamente nos inspirou: "Cada momento, cada segundo é de um valor infinito. Ele é o representante de uma eternidade inteira".

Já para o pensador grego Epicuro, que defendia que os prazeres e a tranquilidade eram formas de atingir a felicidade, a busca do conhecimento também era importante, ele acreditava que a ignorância era uma das razões do sofrimento humano. É o princípio da ataraxia, que é a completa ausência de perturbações ou de inquietações da mente, é o alcance da felicidade por meio da disciplina da vontade para moderar os desejos e para aprender a aceitar os males voluntariamente. A ataraxia implica em saber aceitar as situações e conviver com elas, ponderando o sentido e a utilidade dos prazeres e do que possivelmente magoa.

O medo irracional também entra nesse conceito. O medo de morrer, por exemplo, poderia ser controlado acreditando na morte como um "nada". Assim sendo, aproveitar o dia era o que sobrava do antigo medo de morrer.

A expressão *Carpe Diem* (aproveitar o dia) nos leva a dar o valor necessário ao presente, mesmo que poucos saibam quando ele se torna passado. O tempo é individual, embora já tenham dito que o presente dura em média três segundos para uns, e para outros de cinco a seis, ele pode ser reduzido ou aumentado, e isso depende do estado de calma ou de tensão de cada um. Quanto mais se vive na realidade de acordo com o psiquismo e a moralidade, aliados à serenidade e ao desapego, mais é possível prolongar essa faixa de tempo chamada presente.

O tempo está sempre voltado para a novidade, por isso, não é possível medi-lo pelo número de anos que se vive, mas, sim, por anos que foram vividos intensamente. Grandes homens viveram pouco, como Jesus, por exemplo, que viveu 33 anos, porém, em seus poucos anos vividos, foi capaz de conceder esperança à humanidade.

Nosso espírito é uma centelha, uma fagulha de Deus. Em nosso corpo está depositada a alma que, assim como o espírito, são invólucros da nossa personalidade. O corpo é apenas um empréstimo passageiro, pois somos seres espirituais. A vida, que é um grande presente divino, deve ser aproveitada diariamente ao máximo. É quando construímos alicerces sólidos para aperfeiçoar nossa existência, visto que passamos por uma sucessiva série de acontecimentos, cuja intenção é evoluir.

Por meio de uma conexão espiritual, Deus exercita a mente humana e faz de nós seus grandes investigadores; porém, ele não quer que penetremos na senda dos mistérios antes do tempo permitido, já que é um Deus velado – escondido, que aos poucos vai Se "revelar" para que possamos em parte Descobri-lo.

O tempo ou o deus Cronos só volta do passado para zombar daqueles que o deixaram passar.

Viva o momento presente intensamente, valorize o que lhe faz bem, descarte o que lhe incomoda e ignore aquilo que nada acrescenta. Somos fagulhas divinas de Deus, estamos presentes em tudo e no Todo, nosso destino é ser feliz a cada momento. *Carpe Diem!*

Anjo: Mitzrael – Peça ajuda a este anjo para ter sabedoria para viver o presente na medida certa, para lançar, aos poucos, sementes para o futuro, e, assim, poder ser considerado um ser humano na sua totalidade, tanto física como espiritual.

Elementos: Todos – Aproveite o calor e o entusiasmo do Fogo, sinta a praticidade e a segurança da Terra, o movimento e a leveza do Ar, a pureza gratificante da Água e a paz do Espírito. Viva hoje tudo que puder, atraia para si o que tem de melhor em cada elemento.

Salmo: 150:1-2 – Salmo que atua no agradecimento pelas graças alcançadas e pelos esforços bem-sucedidos da vida.

Aleluia!
Cantemos louvores ao Senhor no templo,
pois no firmamento o Senhor permanece.
Por Suas grandes obras, louvemos,
e enalteçamos o Senhor, que é tão majestoso.

12

Não reprima seus sentimentos

As emoções reprimidas nunca morrem.
São enterradas vivas e saem mais tarde da pior forma.
Sigmund Freud

Ao reprimir seus sentimentos, você estará criando dificuldade em ouvir sua intuição, erguendo uma barreira entre aquilo que quer e aquilo que acha que é certo.

Algumas pessoas reprimem seus sentimentos pela falta de apoio emocional, especialmente na adolescência. Se, ao expressar uma emoção, obtemos uma resposta negativa, aprendemos que o certo é reprimi-la.

Ao guardar os sentimentos, acabamos por bloquear o fluxo de energia, que acaba ficando estagnado no corpo, provocando doenças psicossomáticas de difícil tratamento. Gastrites, úlceras, doenças na coluna, dentre outras, normalmente são resultados daquilo que não conseguimos manifestar. As emoções que não são expressas ficam bloqueadas, produzindo mudanças físicas e emocionais. Por sua vez, quando exposta, a energia é liberada e o que está estagnado é dissolvido.

Sabemos que as emoções estão sempre mudando. Passamos por uma grande variedade de sentimentos todos os dias. Na verdade, não existem sentimentos positivos ou negativos. Nós que os aceitamos ou os rejeitamos, ou seja, todos os sentimentos são parte do propósito de estar vivo, já que somos todos canais criativos.

Por isso, permita que seus sentimentos fluam. Brinque, sorria, brigue, fique triste, mas exponha-se. Se você reprimir suas emoções por medo de ofender outros ou por ser vulnerável, pode acabar causando danos a si mesmo. As emoções que se acumulam vão prejudicá-lo em silêncio e, um dia, você vai ouvi-las dentro de si e poderá ser tarde demais.

Qualquer negativa frente a um desejo vai causar uma espécie de repressão interna, desequilibrando sua harmonia espiritual, mental e corporal.

Não se deve bloquear o que é natural, desde os atos mais simples até outras necessidades. Exemplo: está com vontade de ir ao banheiro agora? Então, pare a leitura e vá. Tem vontade de dar um espirro? Não segure. Se você reprimir esses impulsos, acabará acumulando uma pressão nos órgãos internos e, no futuro, poderá ficar doente.

Mas atenção: não estou de maneira nenhuma falando para você "chutar o balde" e fazer o que desejar. Ao tomar uma atitude radical, só vai demonstrar que está agindo sem maturidade.

Na espiritualidade, reprimir é não saber renunciar, não saber perder. Pessoas negativas não conseguem enxergar soluções e, então, se fecham, aumentando os problemas. É como alimentar um fantasma; o espectro que vai lhe consumir por aquilo que não soube ou não conseguiu realizar.

Quando reprimimos a raiva, por exemplo, ou algum aborrecimento que achamos que não temos o direito de sentir, podemos estar nos causando, involuntariamente, uma forma de depressão. Por mais espiritualizada que a pessoa seja, se ela não se conceder o direito de expressar essa raiva, os danos virão em forma de doença. Como qualquer outra emoção, a raiva dura apenas alguns minutos. Observem que as crianças entram e saem muito rapidamente desse tipo de sentimento. Já os adultos reagem à emoção de forma a fixá-las em seu âmago, e assim, para evitar esse sentimento, tendem a reprimi-los.

No entanto, reprimir sentimentos bons é tão prejudicial quanto reprimir os ruins. Muitas pessoas não conseguem transmitir o amor ou o contentamento que sentem, algumas nem mesmo sorriem naturalmente, como se o simples ato de sorrir provocasse nelas algum tipo de fraqueza. São pessoas taciturnas, sombrias, que não conseguem demonstrar tudo de bom que tem dentro delas, e deixam as mazelas da vida serem seu cartão de visita.

Se você é assim, liberte-se, não tenha medo de se expor, coloque para fora seus anseios de maneira clara e objetiva. Não desperdice seus dias. Não se deixe abater por problemas pequenos. Erga a cabeça e acredite, somos capazes de coisas incríveis. Viva o dia de hoje de forma intensa. Sorria para a vida e ela vai lhe sorrir de volta!

Anjo: Ieialel – Peça a Ieialel que lhe dê coragem para enfrentar qualquer tipo de situação em que tenha necessidade de se expressar, seja em sua vida pessoal, seja em suas escolhas, seja em seus desejos, seja até mesmo com aquilo que você acredita que nunca teria coragem de fazer por medo do que os outros iriam pensar.

Elemento: Fogo – Em um momento de decisão, no qual o seu comportamento vai precisar de audácia e até de certa agressividade construtiva, o elemento Fogo é ideal para lhe dar o combustível necessário para enfrentar a situação.

Salmo: 6:3-4 – Auxilia pessoas que estejam confusas, atormentadas, que precisam reconsiderar seus atos. Ajuda a quem está enfrentando problemas psicológicos.

Minha alma está perturbada. Até quando terei que sofrer?
Senhor, olhe para mim, acalme meu coração,
e com Sua compaixão, salve-me.

13

Faça a sua vida valer a pena

Sempre que você estiver pronto descobrirá que tudo o mais também estará.

Emmet Fox

O escritor Emmet Fox, autor do livro *Faça sua vida valer a pena*, explica que um problema não é uma barreira. É um desafio. O aparecimento de um problema de qualquer tipo significa que chegou a hora de dar um passo à frente. Na sua vida pessoal, o desafio não diz: "você não passará". Ele é apenas um problema e, para cada problema, há uma solução.

É a qualidade do seu pensamento habitual que importa. É isso que constrói ou destrói sua vida. Não é tanto um pensamento em particular, bom ou ruim, mas o tom geral do seu pensamento que determina o seu destino. Se realmente acredita que Deus está trabalhando através de você, receberá tanta inspiração da parte Dele que todas as barreiras no seu caminho cairão.

Não viole sepulturas! Não seja um ladrão de sepulturas. Deixe os cadáveres em paz. Cada vez que desenterra uma antiga queixa ou algum erro, revivendo-os na sua mente, ou o que é pior, falando neles com alguém, estará simplesmente violando uma sepultura e, sabe-se bem o que pode encontrar. Viva o presente. Faça hoje uma lei para si mesmo de que não vai tocar no assunto do passado. A vida é preciosa demais para roubar sepulturas. O passado é passado. Creme-o (com o fogo do Amor Divino) com o pensamento no presente.

Não desperdice seu tempo, passamos tempo demais procrastinando. Mas não confunda com horas de lazer, que são extremamente necessárias para o bem-estar geral. Falo de jogar seu tempo fora com coisas que nada vai agregar em sua vida. Ficar horas em redes sociais pode ser prazeroso, mas pode também tirar oportunidades reais do seu dia a dia. Experimente deitar um olhar diferente para as horas do seu dia, leia um livro, fale com as pessoas de sua família, ou com um amigo ou vizinho pessoalmente. Estude, dedique-se a algo que seja importante para a humanidade. E se você trabalha muito e acha que não tem tempo para isso, experimente ao menos tirar 15 minutos do seu dia para se dedicar a si mesmo.

Anjo: Ayel – Favorece a longevidade, a preservação e a solidificação de bens materiais adquiridos pelo trabalho. Ayel transforma todos os sonhos e projetos em realizações, já que nada ultrapassa os limites de suas possibilidades. É avesso às futilidades e está sempre de bem consigo mesmo. Cuidado para não viver em demasiada nostalgia.

Elemento: Terra – A manifestação da materialidade do elemento Terra nos remete ao lugar comum, a certeza de estarmos firmemente aterrados e em segurança. É onde estão nossas "sepulturas", onde plantamos e esperamos germinar e para onde vamos e de onde renascemos.

Salmo: 92:5 – Ilumina a mente para a sabedoria, mesmo que sejam necessários sacrifícios. Auxilia quem precisa mudar de opinião ou abandonar um relacionamento do passado.

Seus feitos e testemunhas são bem dignos de fé,
pois na casa do Senhor só existe santidade,
até o término dos dias, Senhor,
rei poderoso do Universo.

14

Construção do Templo de Fé

Não sejais incrédulos, mas homens de fé.

João 20:27

O quanto de fé é necessário ter? A resposta é simples: tenha fé na sua própria fé e, por si só, ela se desenvolverá cada vez mais, até que a obra esteja feita. Muitos dizem que gostariam de ter mais fé, pois pensam que, assim, obteriam melhores resultados. Jesus disse que a mínima dose de fé é suficiente. Se você tem fé em si mesmo, já tem fé inicial o bastante.

Existe certa tendência em "deixar os problemas nas mãos de Deus". Claro que isso é um excelente procedimento, especialmente quando parece que não há mais nada que se possa fazer a respeito. Portanto, fique atento ao significado real dessa frase. Deixar as coisas nas mãos de Deus não significa simplesmente entregá-las a Ele e depois esquecer a respeito. Significa que, cada vez que o assunto vir a sua mente, deve afirmar que uma Consciência Superior está resolvendo o problema a Sua maneira e que tudo dará certo.

Estamos condicionados à construção da nossa consciência durante as horas em que estamos despertos. Vivemos construindo essa consciência o tempo todo, embora nem desconfiemos disso. Uma pessoa sensata edifica sua vida espiritual de forma positiva, construtiva. Na Bíblia, esse prédio fantástico é chamado "Templo de Salomão". No Livro I dos Reis 6:7 diz que o Templo de Salomão foi "construído em silêncio, sem nenhum ruído" e sabemos que o pensamento é silencioso. A fé é silenciosa!

Mas o que acontece quando você reza?

A prece é a interação harmoniosa, dirigida para um fim específico. Ore para uma vida mais feliz, plena e rica. Use seu poder milagroso e remova os obstáculos nos assuntos diários, na solução dos problemas de negócios e traga harmonia para os relacionamentos familiares.

Não é aquilo que se acredita que traz resposta à prece. A lei da vida é a lei da crença que se resume em seus pensamentos. Se a sua mente compreender a verdade e os seus pensamentos forem construtivos, harmoniosos e pacíficos, o poder funcional responderá. Ao mudar seus pensamentos, conseguirá fazer o mesmo com seu destino.

A fé é como uma semente plantada no solo que cresce segundo sua natureza. Plante a ideia (semente), regue-a e fertilize-a com esperança e ela brotará. Ao rezar para alguém, saiba que seu conhecimento interior consegue transformar as configurações negativas da mente subconsciente de outra pessoa para produzir resultados maravilhosos.

Rezar é harmonizar-se com o fluxo de energia divina. Pedir para que "tudo fique em paz" é o passo mais importante para colocar o que se deseja em movimento. Depois, os pensamentos se transformarão em volições espirituais, para que os milagres aconteçam.

ANJO: Hahasiah – Anjo que ajuda a ter revelações, aprendendo de forma iniciática suas leituras espiritualizadas. Será o próprio "Templo dos Mistérios", sua consciência, seu sacerdote, construindo, assim, a realização da verdade de Deus na Terra.

ELEMENTO: Fogo – Elemento que nos remete à centelha divina, a consolidação da nossa fé, a segurança e a transformação. É a energia que a tudo permeia.

SALMO: 26:2 – Orienta sobre a necessidade de um novo ponto de partida. Favorece o uso de faculdades psíquicas e da fala com magnitude. Afasta as dúvidas e as inseguranças quanto à potencialidade. Fortalece os laços entre mães e filhos.

Escute o clamor de minha súplica. Eu dirijo ao Senhor esta oração, e a Seu Santo templo elevo minhas mãos.

15

Todos nós sofremos influências

*As influências podem até serem boas ou más,
mas ainda sim não adentram onde não tem permissão.*

Julio Aukay

Tudo irradia algum tipo de influência. Sem sombra de dúvida, todos os seres emitem uma incessante corrente de vibrações, cada um com uma característica específica, tanto no mundo sutil quanto no mundo físico. São ondas de atividades provindas também do centro da divindade. Por isso, podem ser intensificadas quando solicitadas a fim de produzirem um efeito cósmico de longo alcance.

Aquilo que somos transmite, continuamente, ondas de influências que se reproduzem. Ou seja: o que desejo para o outro tenho que ser antes dos outros. Se desejo modificar o mundo, tornando-o melhor, devo, portanto, ter uma vida correta.

O homem constrói para si as suas formas-pensamento. Assim, todos os seus desejos e sentimentos reagem constantemente sobre ele, pairando à sua volta. Uma pessoa negativa não entende esse processo, acredita que está sofrendo essa influência de terceiros.

Se o que pensamos é, com efeito, um reflexo do que acontece à nossa volta, devemos ter cuidado com os nossos julgamentos. Todos passam por mudanças de estado de espírito: ora estamos alegres e tranquilos, ora deprimidos ou pessimistas. Isso é resultado das nossas atitudes e dos nossos comportamentos.

Na verdade, somos escravos das atitudes que tomamos, pois a vida não está alheia ao débito e ao crédito. Quando lhe perguntarem ou solicitarem algo, tente responder calmamente. Sinta a intensidade das emoções nos relacionamentos afetivos, na sabedoria de tomar decisões certas ou não, ou nos atos que pertencem ao nosso condicionamento cármico (ou que vulgarmente chamamos destino).

Quando alguém pergunta: "Não sei por que sofro tanto, ou o que fiz para sofrer assim?", percebo que a pessoa não entende a participação do espírito agindo no seu corpo físico. As nossas dificuldades ou os nossos inimigos são, na verdade, instrumentos ou atores pelos quais eliminamos as nossas mazelas cármicas. Se não temos nada a resgatar, não existe a necessidade sequer de viver.

No momento que sofremos porque erramos, devemos observar o resultado prático disso como uma lição de vida. Tudo não passa da materialização das contradições do espírito evoluindo no corpo físico. As pedras que são colocadas no nosso caminho servem para evoluirmos. Portanto, construa uma poderosa escada. Limpe as lágrimas e vá à luta; persevere.

ANJO: Habuhiah – A conduta honesta desse Anjo será uma proteção contra as fraquezas e as influências negativas. Ele ajuda a conservar a paz, a eliminar a força dos maldosos.

ELEMENTO: Água – Elemento ligado à indulgência e ao altruísmo, A água nos ajuda a ser persistente e a não se deixar influenciar por forças negativas. Expressões como "lavar a alma" ou "é a gota d'água" demonstram a forte influência desse elemento nas decisões de conflitos.

SALMO: 31:1-2 – Representa a fraternidade entre os homens. Favorece os estudos, a perseverança e o positivismo. Dá estabilidade e afasta as influências espirituais maléficas.

Feliz aquele que sua falta foi perdoada e seu erro obteve remissão.
Feliz aquele em quem o Senhor não vê culpa alguma
e que não tem, presente no espírito,
o ato de fraudar alguém.

16

O que fazer diante da ingratidão

A misericórdia de Deus será sempre maior que a tua ingratidão.

São Padre Pio de Pietrelcina

A ingratidão é a mais absoluta ausência de sentimento de solidariedade humana. É superlativa a carência de paz e de harmonia nos corações humanos, o fato de uma pessoa ser ingrata revela que ela é egoísta. No entanto, isso não deve ser motivo de tristeza, já que ninguém foi enganado, é a própria pessoa que se iludi. Lembre-se de que todo egoísta no presente será ingrato no futuro.

Não nutra nenhum sentimento de revolta, mesmo se além de ter dado um ombro amigo, tenha prestado algum tipo de ajuda financeira. Entenda que ajudou uma pessoa que não tinha o mesmo caráter que o seu. Não guarde mágoas.

Como resultado prático, adquire-se mais uma lição de vida. O que nada mais é que a materialização de uma contradição, para que seu corpo espiritual também evolua. É "certo" oferecer ajuda, mas nem sempre é "justo". Pode haver aqui também um autoengano, uma crença de que ao oferecer ajuda, aquele que recebeu o benefício era merecedor, mas que, na verdade, você é quem queria ajudar. Muitas vezes a bondade não passa de um capricho, uma maneira de sermos vistos como uma boa pessoa. Isso acaba criando um desequilíbrio temporário, que será consertado em breve com a conscientização de que aquilo não é de sua responsabilidade. Podemos ajudar o outro a carregar a sua cruz, mas não podemos e não devemos carregar a cruz de ninguém.

O que enobrece o espírito está relacionado com as provações que passamos, e uma das mais difíceis está relacionada à solidariedade. A ingratidão não passa de uma prova para o aperfeiçoamento, mas ela só terá validade se a pessoa que se sentiu magoada não fizer o papel de vítima.

Somos carrascos de nós mesmos; somente nós podemos apaziguar o sofrimento proveniente da ingratidão. E isso se dá com o poder do perdão. Não deixe que esse sentimento ruim continue interferindo na sua vida. Caso contrário, seu coração poderá ser invadido por hóspedes indesejáveis, como a raiva e o ódio. Sentimentos como esses invariavelmente são enviados não apenas para aquele que foi ingrato, mas para todos que estão mais próximos e, convenhamos, muitos não merecem.

Lembre-se da causa e efeito. Sua parte foi feita e seu coração deve ficar em paz.

Anjo: Haziel – Anjo que ajuda a perdoar sempre, mesmo as ofensas mais graves, transmutando para positivo o carma negativo que possa estar acumulado. Mostra que não é necessário pedir perdão ou ter sentimento de culpa pelo que tem, pois tudo foi conseguido pela força de seu trabalho.

Elemento: Ar – O Ar é o elemento do conhecimento. A gratidão e o perdão são movidos pelas palavras, pelo pensamento e pela oração. Solte palavras boas ao vento e sinta a energia da gratidão retornar.

Salmo: 64:3 – Hino de Ação de Graças. Salmo da gratidão pelos benefícios em Deus. Ilumina o entendimento dos assuntos esotéricos e filosóficos e protege contra difamadores e caluniadores.

Devido à maldade de alguns,
e do que fazemos sem pensar, sofremos,
e mesmo assim o Senhor não nega Seu perdão.

17

Não deixe o desânimo tomar conta de você

*Nada de desgosto, nem de desânimo;
se acabas de fracassar, recomeça.*

Marco Aurélio

Quem se conforma não vence, apenas submete-se ao destino. Não permita que o desânimo tome conta de sua vida, não aceite a resignação.

Conformar-se é ser facilmente vencido; associado a um amor covarde, temendo a liberdade e permitindo escravizar-se. Essa não pode ser a base da sua vida.

Não se prenda à opinião dos outros. Viver intensamente é uma missão para os que amam de coração, dádiva para poucos, mas que, com cada um fazendo a sua parte, pode beneficiar muitos.

Não aceite ser algemado aos caprichos de ninguém. Viva cada dia até o seu limite, exija o máximo da vida, exteriorize todas as suas formas de energia. São raras as pessoas que podem se entregar de corpo e alma.

Ao transformar suas ideias em algo prático, vai entender o quão próximo de obter um resultado satisfatório está, pois a vida sempre conspira para ofertar a quem deseja o que existe de melhor.

Faça uma nova avaliação das suas emoções e de seus pensamentos. Tenho certeza de que agora é "sua hora", um momento em que ninguém ainda ouviu soar na Terra. Aproveite e faça acontecer.

Compreenda que todos nós temos uma missão, e você tem um lugar de destaque no mundo. Por isso, não desanime. Assim, tudo se torna possível.

Algumas pessoas negam suas angústias tomando calmantes, bebendo ou consumindo drogas, indiferentes a tudo e a todos, omissos nas suas responsabilidades de amar.

Na verdade, tudo o que acontece são desculpas para diminuírem a vida na tentativa de torná-la mais suportável, recusando-se às experiências, terminando a existência com uma visão limitada da sua potencialidade.

Um ideal bem interpretado pode ser o combustível para o sucesso da vida. Na "crise", tire o "s" da palavra e crie!

Não desanime. Não siga o exemplo de pessoas que não estejam em sua sintonia. Ninguém é perfeito, estamos todos sujeitos aos erros.

No convívio do nosso dia a dia, pode ocorrer de que alguém "derramar" seus temores e inseguranças, erros e preconceitos sobre nós. Normalmente isso acontece porque a pessoa expressa aquilo que acha que é certo, mas estará pregando a tensão e a frustração do mundo em que nasceu e viveu, ou seja: de quem acabou como um prisioneiro conformado com seus erros e suas ilusões.

Já foi profetizado que uma minoria de indivíduos estaria pronta a fomentar uma nova sociedade. Um desses escolhidos é você, não tenho dúvida.

Siga seu coração, aja conforme sua intuição. Expanda seu amor por inteiro. Você é especial e diferente. Por isso, não desanime e não se conforme com nada. Tudo é possível, porque tudo vale a pena!

ANJO: Hekamiah – Anjo que ajuda a libertar os oprimidos. Interfere na coragem e é notório por sua personalidade e prestígio.

ELEMENTOS: Fogo e Ar – Quando se sentir desanimado, procure estar perto desses elementos. O Ar é elemento da comunicação, associado ao Fogo, que traz calor humano e energia vital, eleva o espírito fazendo com que a pessoa se sinta melhor.

SALMO: 39:12 – Faz suportar todas as adversidades, com paciência e resignação. Dá inspiração às artes, em especial à música e à poesia. Ilumina os desesperados que têm uma visão apocalíptica do mundo.

Às vezes sinto o mal me cercar e meus atos impensados apoderarem-se de mim, cegando-me para a verdade.
Eles são mais numerosos que meus cabelos.
Minha coragem não pode ter me abandonado.

18

Adaptando-se a mudanças

*Não é o mais forte que sobrevive, nem o mais inteligente,
mas o que melhor se adapta às mudanças.*

Leon C. Megginson

A palavra *mudança* significa dar outra direção, modificar, variar, apresentar-se sob outro aspecto, tornar-se diferente do que era física e moralmente. Sua existência anseia por algo novo que fortaleça seu corpo físico e espiritual. Só evolui quem muda. Só muda quem é capaz.

A atmosfera está saturada de formas-pensamento. As correntes mentais que atuam e reagem em cada ser humano são diferentes. Somos favorecidos quando deixamos de lado a ilusão. O importante é manter-se forte e vigilante para continuar em frente, apesar de toda a pressão que possa estar sofrendo.

Sua capacidade mental depende da sua mudança. Expresse verdadeiramente seus sentimentos e não se importe com a opinião dos outros.

Descubra o foco daquilo que o atrapalha e mude! Não tenha medo, se preciso for, mude de escola, de amizade, mude o conceito de um determinado assunto, mude de cidade, estado ou país, mude de profissão, mas mude.

Saia da estagnação e evolua. Para que essas mudanças ocorram de maneira satisfatória, é importante que conheça os prós e os contras que estão interligados nesta nova fase da sua vida.

Tudo é custo e benefício, com o peso em igual valor de medida. Ninguém erra ou acerta tudo. O importante é ter maturidade, pois você precisa se responsabilizar por seus atos.

Mudar para alguns pode ser angustiante, mas é o princípio lógico para atingir a sabedoria. Quando estiver em meio a uma sensação de angústia, tire um tempinho para a reflexão. Isso se chama "sabedoria por inteiro".

A mudança sempre força o ser humano a caminhar para algo melhor. Não trate a mudança como um problema; ela não é o problema, mas a solução. Caso contrário, ao tentar mudar, mais uma chance acabará escapando das suas mãos.

Não se arrependa da mudança. Problemas existem não só na sua vida, mas na vida de todos.

A vida é formada por ciclos, certamente você já iniciou e encerrou vários deles. E por mais difícil que possa ter sido no início, você conseguiu superar; é só olhar para trás e terá a certeza disso. Temos medo de mudanças porque não nos damos conta dos benefícios que uma transformação pode trazer. O medo, na verdade, é do desconhecido, é da ideia de que o que não se conhece é negativo. Para se autopresevar, muitos se deixam levar por ideias e sentimentos limitantes e acabam acreditando que mudar é ruim, esquecendo-se, porém, de que a mudança pode ser uma grande oportunidade para evoluir e ser mais feliz.

O medo do desconhecido e de sair da zona de conforto é capaz de fazer com que os indivíduos fiquem inertes e passem a vida mergulhados em frustrações. Se você tem o sonho de abrir um negócio, terminar uma relação desgastada e infeliz, comprar um imóvel, viajar pelo mundo, sair da casa dos pais, mudar de emprego ou qualquer outra coisa que lhe seja importante, permita-se ser guiado por seu desejo e não deixe que o medo o bloqueie e o impeça de agir. Não tenha medo da mudança, mas, sim, de passar a vida da mesma maneira, apenas sonhando com o que gostaria de conquistar, não realizando absolutamente nada.

Mesmo as mudanças causadas pelo fim de algo nem sempre são ruins, o fim de relacionamento, por exemplo, pode ser o início de uma grande transformação, assim como uma demissão.

Pessoas próximas a nós muitas vezes não conseguem entender nossa necessidade de mudança, isso vale para elas também, às vezes somos nós que não percebemos a necessidade dos outros. A dor causada pela incompreensão é imensa. Não hesite, siga em frente, faça a sua parte, pois está prestes a dar um passo importante, ao entrar em contato com sua parcela mais divina.

Erga a cabeça para os céus, exponha sua face ao vento, baixe as pálpebras na certeza de que, de uma nuvem pequeníssima, de um esquecimento quase branco do universo inteiro, lá estará seu anjo da guarda ajudando-o na sua decisão de mudar.

Sorria, mesmo que ninguém compreenda o motivo de tamanho contentamento. Torne-se o outro por um instante, quase incompreensível. Deixe sua vida fluir com todas as mudanças que você deseja para ser feliz.

Só não tem problemas quem está no cemitério.

ANJO: Mumiah – As mudanças são renovadoras, Mumiah é o anjo que ajuda a estar sempre reformulando seu modo de pensar. Tudo que estiver desgastado será afastado, criando um novo ciclo, uma nova situação. Ele destesta tudo que é ilusório e está sempre ajudando as pessoas a saírem dos estados opressivos ou deprimentes.

ELEMENTO: Ar – O Ar está em constante movimento. É o elemento da mudança e da livre-expressão. Sinta os ares da mudança!

SALMO: 21:24 – Ajuda a obter segurança, equilíbrio e organização. Beneficia as mudanças definitivas que resultarão no triunfo final de todos os esforços. Acalenta os sofrimentos morais mais intensos e dá forças a quem se sente totalmente abandonado.

Deus não me desprezou nem riu de meu sofrimento.
Jamais desviou Sua face, e ouviu quando implorei por socorro!

19

Assumindo a própria culpa

*O homem superior atribui a culpa a si próprio;
o homem comum, aos outros.*

Confúcio

Jean-Paul Sartre (1905-1980) cunhou a expressão "o inferno são os outros" no livro *Entre quatro paredes* – Huis Clos.

Ele relata a história de três pessoas (Don Juan e duas mulheres) que, depois de mortos, vão para o inferno. Ao acusarem-se mutuamente, Don Juan, nervoso, diz: "Então era isso! Durante séculos nos enganaram. Fogo, demônios, tridentes, enxofre, tudo mentira! O inferno são os outros!".

As pessoas sempre colocam a culpa nos outros quando não obtêm sucesso no relacionamento, no trabalho ou na vida familiar. Isso é um erro, já que altos e baixos fazem parte da vida.

Se a pessoa insistir em pensar dessa maneira, vai acreditar que, para obter a felicidade é necessário viver de maneira isolada, o que é impossível.

Todos, de modo geral, se lamentam pelas frustrações que ocorrem no dia a dia. As pessoas perdem mais tempo ao criticar os outros do que reavaliando as próprias atitudes.

Frases como "os outros são culpados de tudo, pois impossibilitam a concretização dos meus projetos" ou "eles não colaboram e não fazem nada porque não têm coração", são alguns exemplos do que se costuma ouvir com frequência. Mas sem a convivência, a vida não tem sentido.

Os "outros" se tornam um inferno quando apontam nossa imaturidade, já que, de certa maneira, temos certa predileção para nos iludirmos.

A tendência a se isolar para evitar problemas e não ter suas vidas importunadas por demônios se torna maior quando existe culpa; com isso, corre-se o risco de se tornar individualista, com coração de gelo. A vida se torna um inferno quando deixamos que o outro interfira nela e não ouvimos a nossa intuição.

As pessoas se relacionam, trabalham, aprendem, fazem novos amigos, conhecem novos amores e tentam levar a vida de uma maneira boa. O que não pode acontecer é seguir pela cabeça dos outros.

"O inferno é não amar", já dizia o escritor francês Georges Bernanos. "O inferno são os outros", falava Sartre. Mas a felicidade pode estar contida no outro. Não dá para ser amado sozinho. Assuma suas culpas. Nem sempre a culpa é do outro, às vezes essa é a solução.

Anjo: Reyel – A recompensa pelo seu esforço será uma excelente renovação de vida e libertação de laços cármicos negativos. Sua vida é uma exaltação, iluminada por sua escolha espiritual. Deverá ter cuidado para não criar sentimento de culpa em relação a problemas familiares, pois todos estão passando por uma evolução sem perdas, mas com renovação.

Elemento: Água – A culpa deve ser moldada pelo nosso emocional, o Elemento Água está relacionados aos sentimentos, traz a pureza das emoções e a transparência dos sentimentos. Livre-se da culpa, alie-se a esse elemento de purificação.

Salmo: 50:3-4 – Confissão do pecador que se penitencia. Salmo que ilumina os que buscam sabedoria.

Por causa de minha culpa, limpe-me,
afaste toda impureza, porque, Senhor, eu errei.
Reconheço quanto sou culpado,
e diante de mim está meu pecado.

20

Aprenda a confiar na sua verdade

Sempre acabamos adquirindo o rosto das nossas verdades.
Albert Camus

Ter momentos de introspecção é natural e faz bem. Provavelmente você está lendo este livro sozinho. É difícil ler com alguém ao nosso lado, conversando ou puxando conversa, não é mesmo? Ficar sozinho traz o melhor de nós mesmos, nos proporciona momentos em que o nosso Eu se volta para si mesmo e não precisa se preocupar em provar ou ensinar nada a ninguém. É possível rever quem somos de verdade. Portanto, aproveite para encontrar sua identidade.

Lute e não espere por heróis. Ninguém, ninguém mesmo, pode mudar seu mundo. Não fique só pedindo, passe a dar algo para receber em troca. Diga "sim" a todas as possibilidades, sejam elas pequenas ou grandes. Não fique procurando a solução nas outras pessoas, mas em você mesmo.

O bem tem que triunfar, essa é a verdade. O mal por si mesmo se destrói. Caso esteja sentindo desânimo por tudo estar dando errado, por estar sendo difícil controlar as coisas, observe se não está mentindo a si mesmo. Reveja o que anda fazendo da sua vida. Isso faz toda a diferença, e, assim, transforme a dor em amor.

Confie na sua verdade (ou na sua intuição, se desejar). Não existe mentira ou ilusão sem mágoa, sempre alguém sai perdendo. Seja verdadeiro no seu relacionamento, com sua família e no seu ambiente profissional. Tenha plena convicção de que vencerá ao assumir o controle e a responsabilidade da sua vida.

Ouse! Os resultados são ótimos quando ousamos. Portanto, lute pelo que deseja, respeitando a si mesmo e aos outros. Deixe as armas de lado, já que brigar o tempo inteiro cansa muito.

Problemas existem não só na sua vida, mas na vida de todos. Seja verdadeiro, em essência nascemos só, vivemos boa parte do tempo dessa maneira e, na hora da nossa morte, por mais pessoas que estiver ao redor, partiremos sozinhos. Não existe ninguém que possa acompanhá-lo, mesmo que se façam presentes.

Toda pessoa deve empreender sua jornada pessoal e provavelmente terá medo pelo sentimento de abandono e de solidão, mas a recompensa é o verdadeiro sentido da comunhão com nós mesmos e com os outros, iguais ou diferentes.

Errar ou acertar, isso é o que menos importa. O melhor dessa trajetória é estar inteiro e verdadeiro, aberto para um leque muito maior de escolhas.

ANJO: Seheiah – Anjo que auxilia pessoas atormentadas, protege das maldades e proporciona vida longa. Ajuda a ter bom senso, a agir com prudência, com sabedoria e a resistir a tudo com dignidade.

ELEMENTO: Terra – Elemento que nos traz confiança, que nos remete às nossas verdades. Terra é firmamento, é trabalho, é realização.

SALMO: 55:7 – O salmo da confiança em Deus. Favorece o auxílio rápido do plano divino. Beneficia os comunicadores com ideias e propostas novas. Atrai sorte, dando às pessoas a oportunidade de serem as melhores naquilo com que trabalham.

Dê a eles, Senhor, a consciência de seus erros.
Mostre-lhes o caminho da verdade, e oremos todos!

21

Evite usar a palavra "sonho" em seus pedidos

*Pense bem no que você vai fazer,
e todos os seus planos darão certo.*

Provérbio popular

Quando fizer um pedido a Deus e aos anjos, ou mesmo no dia a dia, durante uma conversa informal com seus amigos, evite usar a palavra *sonho*, substituindo-a por plano. Por exemplo: "Meu sonho é encontrar um namorado perfeito". Ao usar a palavra sonho, o cérebro entende que deseja algum produto da imaginação, fantasia ou ilusão. Percebeu a diferença? Ao falar plano, intenção, o pedido vai se tornar mais palpável e real.

Ao utlizarmos a palavra *sonho*, aumentamos excessivamente o que desejamos: uma pessoa maravilhosa, linda e perfeita. A meta é uma definição real. Quando pensamos dessa maneira, o desejo se torna mais direcionado e mais rápido de ser alcançado.

Outro exemplo: "Meu sonho é comprar um carro maravilhoso, uma Ferrari". Ao definir o pedido como um plano de vida, ele ficará assim: "Meu plano de vida é comprar um carro cujo valor esteja de acordo com o meu orçamento".

Qualquer que seja sua meta, ela deve ser tratada com especificação, ou seja, ser bem definida e quantificável. O que você quer deve estar de acordo com seus próprios padrões. Tudo acontece quando deixamos de lado qualquer tipo de sonho.

O sonho adora ser defendido pelo subconsciente e por nossas fantasias. Só que a verdade caminha com a paz. Tudo o que é verdadeiro descansa na quietude e é mais forte, já o sonho não tem elementos para se solidificar.

Christopher Markert, no seu livro *Yin - Yang polaridade e harmonia em nossa vida*, ensina que "a ideia básica budista consiste em superar a ilusão, o sonho. Segundo Buda, todas as preocupações e os problemas resultam da nossa própria ilusão e de nossos sonhos. Por isso que para alguns a vida é tão difícil, já que ela tem hábitos de pensamentos irreais".

Onde existe a incerteza, impera o sonho. Quem se ilude, não tem força de vontade para acreditar.

A verdade sempre deve estar acima de qualquer sentimento. A espiritualidade não conhece limites. Tenha objetivos em sua vida e acredite neles. Enquanto seu desejo for apenas uma ideia vaga ele não irá se concretizar. Planejar tem a função de garantir que as metas que você deseja conquistar não se percam em meio ao seu dia a dia. Experimente desejar com foco e você verá a diferença.

ANJO: Daniel – Anjo que incentiva a pessoa a pensar antes de agir e não permite que desperdice seus sonhos em fantasias impossíveis.

ELEMENTO: Água – Elemento da mente subconsciente, onde todos nossos desejos podem ser atendidos. Protege a comunicação com o mundo espiritual, a reflexão e a sabedoria interior.

SALMO: 5:1-3 – Salmo que favorece os sentimentos religiosos, a meditação, o intelecto e fala da justiça de Deus.

Senhor, ouça minhas palavras, atenda a meus pedidos.
Preste atenção à minha voz que clama!
Ó, meu rei, meu Deus! Eu lhe peço:
pela manhã, ouça minha voz.
Apresento meus pedidos e, confiante, espero.

22

Não perca a esperança

O que vale a pena possuir, vale a pena esperar.

Marcelo A. Pereira

Você perdeu a esperança? Anime-se, pois com certeza já deve ter ouvido, "a esperança é a última que morre".

Ter esperança significa compreender que a vida possui sentido. Tendo a consciência de que somos especiais, temos a oportunidade de selar, no momento propício, o que desejamos.

Pode parecer antagônico, mas enquanto os cientistas acreditam cada vez mais na força da esperança, nossa sociedade sofre pela desesperança. Os noticiários têm grande parcela de culpa nisso. Numa pesquisa realizada na Inglaterra, apenas 5% dos noticiários continham matéria com conteúdo de esperança. O restante era de notícias ruins, fazendo com que as pessoas se sentissem derrotadas.

Precisamos mudar esse panorama. Sentir-se esperançoso pode transformar a realidade. Lembre-se de que a esperança e a felicidade proporcionam o aumento da sua aura (corpo etéreo que envolve o corpo físico).

Ao ter esperança, geramos uma força capaz de transformar nossa vida em um grande investimento. Portanto, não fique parado. Aproveite esse combustível chamado "esperança" para ser feliz. Apenas tome cuidado para não se alimentar de uma "falsa esperança", relacionada à fantasia ou às expectativas que fogem à realidade.

A esperança em coisas distantes ou egoístas pode se transformar em expectativas baseadas em desejos infantis que não conseguimos cumprir. Toda a esperança deve seguir com a possibilidade de mudança.

Lembrando sempre que a palavra *esperança* vem de esperar, mas que não podemos somente esperar para sempre. Algumas promessas de Deus levam tempo para se cumprirem, no entanto, a esperança é a confiança em Deus que nos ajuda a esperar, sem desistir, até que as promessas se cumpram. Para isso precisamos ter fé em Deus. Esperança tem de ser sinônimo de "confiança". Devemos entregar e confiar!

Anjo: Sealiah – Levanta a boa vontade e a esperança dos desanimados. Domina a vegetação e tudo que tem vida e respira. Influencia os elementares que cuidam e protegem a natureza.

Elemento: Água – Símbolo da renovação, a água é a fonte da vida e também da leveza e da eficácia no enfrentamento dos obstáculos. É a esperança da renovação. A confiança da regeneração.

Salmo: 9:18-19 – Salmo da verdade e da liberdade. Faz com que as pessoas sem ânimo para viver tenham suas forças redobradas, dando assim, novas esperanças para quem a Deus suplica.

Deus não esquece os filhos pobres,
nem a fé e a esperança de um filho aflito.
O Senhor é poderoso.
Somente o Senhor pode julgar as nações.
Sem fé, o homem não pode triunfar.

23

Crescimento espiritual

> *Cresçam, porém, na graça e no conhecimento
> de nosso Senhor e Salvador Jesus Cristo.
> A ele seja a glória, agora e para sempre! Amém.*
> 2 Pedro 3:18

Crescer espiritualmente é um processo lento. É o processo de amadurecimento que acontece ao longo da nossa jornada. Demoramos a entender que somos iniciados dentro de nós mesmos e, por isso, precisamos ser "sacrificados" para contrair um *religare* com Deus. A palavra "sacrifício" não significa apenas renunciar, abandonar ou perder algo, mas, no sentido literal da palavra, significa "tornar sacro". Toda dor, raiva ou mágoa precisa ser oferecida para um chamamento sagrado, uma vida que pertence, não a nós mesmos, mas a Deus.

Às vezes, é necessário a renúncia para enfrentarmos o verdadeiro sacerdócio do sofrimento. Como podemos confortar os necessitados e desesperados se nunca passamos por situação semelhante? Aprendemos com o sofrimento para adentrar ao portal da paz, que é sobremaneira estreito e ninguém pode atravessá-lo senão pela agonia da própria alma.

É preciso entender que as dificuldades fazem parte de todo um processo. Muitos dos "nãos" que recebemos servem para que a vida efetivamente melhore. Não desista do seu ideal; persista! Tenha plena certeza de que Deus e os anjos estarão ao seu lado, confortando-o nos momentos difíceis.

Anjo: Ariel – Anjo que auxilia a agradecer a Deus pelos bens recebidos e a fortalecer o espírito. Defensor dos segredos de assuntos místicos e ocultos e beneficia a purificação do espírito, trabalhando sempre a serviço da espiritualidade, em favor de seus semelhantes.

Elementos: Todos – Os cinco elementos estão presentes em toda a matéria existente e também dentro de cada indivíduo. O crescimento espiritual precisa evoluir à medida que vamos firmando nossa fé. Os elementos fazem parte desse processo: a Terra recebe a semente, onde tudo se inicia. A Água é a detentora da vida, ela rega a semente, frágil no início, transformando-a, em breve, em sólidas raízes. O Ar é o elemento que impulsiona a semente, é a infância, o caminho para receber o calor do Fogo da juventude e favorece a elevação espiritual. E o Éter, que é o ápice do crescimento espiritual, é o elemento das verdades ocultas.

Salmo: 91:12-15 – Facilita o entendimento de organizações cósmicas, como a angelologia e a fraternidade branca, por exemplo, e faz receber as informações de modo intuitivo, para aprimoramento espiritual.

O bom homem florescerá como uma palmeira,
ele crescerá como o cedro libanês.
E ele crescerá a seu tempo, em plena casa do Senhor
serão plantados e darão flores.
E mesmo na velhice, darão frutos,
exuberantes de vigor e seiva.
Para proclamar o quanto Deus é maravilhoso,
meu rochedo, no qual só existe bondade!

24

Sorte: uma maneira de nomear o milagre

*Sorte é estar pronto
quando há oportunidade!*
Oprah Winfrey

Na tradição espiritualista, ter sorte faz toda a diferença. Para cada pessoa que acredita na sorte, há outras tantas que desconfiam. Mas é inevitável que, em determinado momento da vida de cada um, a sorte ou o azar já se apresentou nos mais variados aspectos. Mas o que é sorte?

Sorte é uma força que determina uma mudança benéfica, uma força de predestinação. É a responsabilidade de estar no lugar certo, na hora certa. É estar assessorado pelo conselho cósmico.

Às vezes me perguntam se a sorte é um produto do acaso. Creio que não. A sorte é também fruto de um bom treinamento, há um dito popular que diz "Quanto mais se treina, mais sorte se tem". Essa é a resposta da ciência para explicar que, diante dos eventos aleatórios da vida, uma força bastante similar à sorte existe, portanto, na prática, podemos nos tornar uma pessoa mais "sortuda". Temos acesso às decisões que nos cabem e temos o livre-arbítrio para escolher o melhor caminho ou destino. Tudo no mundo material é cíclico; perceba então os detalhes, seus atos, delicadezas e simpatia. Mas algo que sempre digo, com certeza, é que maior sorte tem aquele que quer ver o que acontece sob vários prismas.

Dizem que a sorte é uma forma de Deus realizar seus milagres. Pode ser. De qualquer maneira, é algo muito bom de ter, mas devemos saber contar com ela. Se você está passando por um período bom, tenha o cuidado de não relaxar e nem se acomodar com essa situação, achando que vai durar para sempre. Procure mantê-la ou até melhorá-la.

Um pouco de falta de sorte também é normal e, às vezes, nos faz até bem, vou explicar: quando acontece algo ruim, o que comumente chamamos de "pequenos azares", podem ser sinais de alerta para proteção e melhor cuidado com a sua sorte. Você pode estar sendo negligente e o que considera um azar pode ser, na realidade, uma sorte grande.

Segundo a tradição judaica, quando alguém deixa cair um prato no chão e ele se quebra, significa boa sorte. Mas também pode significar um sinal de alerta sobre a fragilidade da sua sorte.

Nós comemoramos nossa boa sorte e acabamos nos esquecendo de utilizá-la em coisas que realmente valem a pena.

Os rabinos judeus acionam sempre a sorte por meio de seus pedidos e de orações para ajudar os que necessitam, para que tudo se concretize sem demora.

A sorte é como uma grande orquestra, tudo astralmente requintado. É preciso regê-la como um verdadeiro maestro.

Lembre-se de que somos donos da nossa própria sorte e do nosso destino. Jogue os dados. A sorte está lançada! Mas esteja pronto, não se esqueça de que será sempre Deus quem fará a escolha dos números, segundo o merecimento de cada um de nós.

A sorte adora o sorriso e a boa educação. Não fale aos outros apenas de dificuldades e de desilusões, quando esses temas surgirem, não os aborde de maneira amarga e pessimista. Fale sobre esses assuntos de modo natural, encarando-os como acontecimentos de uma vida rica como a sua. Não existe ninguém cuja vida seja um mar de rosas, sempre existem espinhos.

Ao sair do trabalho, que tal dizer "boa tarde", "fique com Deus", ou "boa sorte" e desejar a todos "felicidade"? Isso já é um começo. Também seria interessante respeitar o ponto de vista e os valores dos mais próximos, deixando de ser tão crítico.

Desejar boa sorte para as pessoas, principalmente ao se despedir de alguém, pode parecer algo para supersticiosos. Para mim é uma forma de carinho e atenção, mas para alguns pode denotar ironia. Seja sincero. Dependendo do seu tom, a pessoa pode achar que você está sendo sarcástico.

E se você quer se expressar ainda mais que um simples "boa sorte", mediante a um desafio de alguém, use um símbolo, uma representação de um animal, sinais ou gestos. Tudo que você fizer com boa intenção resultará em algo positivo.

Anjo: Sitael – Invocado para todas as adversidades, Sitael domina a nobreza, o magnetismo pessoal, está sempre em atividade e lutando por sua ascensão. Anjo que transmite muita sorte e possibilidades financeiras a quem clamar por ele.

Elemento: Água – É o elemento sagrado, o milagre da vida, é ela que transporta as vibrações naturais das palavras e nos ajuda a mudarmos nosso posicionamento e a termos uma vida mais positiva e feliz.

Salmo: 36:28 – A sorte dos bons. Salmo que ajuda a ter paciência e consolação. Exalta a verdade e o amor fraterno universal. Favorece os conhecimentos às pessoas autodidatas.

Pois o Senhor ama tanto o justo que nunca vai deixá-lo, e nem seu anjo da guarda se distanciará. Infelizes os maus, pois sem sorte vão viver, e o mesmo pode ocorrer com seus filhos.

25

Você pode ser o que quiser

*Contanto que você seja bom,
você pode ser o que quiser.*
Wall Campos

Quando uma pessoa deseja ser ou fazer alguma coisa que realmente quer, é sinal de que Deus aprova e que Ele exprimiu o Seu desejo, concedendo a capacidade necessária. As pessoas têm diversos tipos de vontades passageiras. Desenvolva seu verdadeiro desejo se concentrando nele, estudando o assunto, procurando pessoas e locais ligados ao seu objetivo. E, acima de tudo, afirmando que foi Deus quem lhe deu a vontade e fará com que ela se realize.

Um mínimo detalhe pode mudar tudo em sua vida, para o bem ou para o mal. Para se alcançar qualquer tipo de sucesso, é preciso que uma sucessão de eventos ocorra a seu favor. Ao longo do caminho, os fatos podem parecer imprevisíveis e aleatórios – de fato a vida é assim –, mas são nossas decisões e a maneira com que nos relacionamos com os acontecimentos que vão determinar nosso destino.

Tome cuidado, porém, com as contradições. Se você é contraditório, afirma uma coisa agora e diz outra daqui a meia hora, ou medita de maneira profunda e depois começa a falar em problemas, diz a coisa certa, mas faz a errada, se seus atos desmentem as suas palavras, a consequência disso será só confusão. Cada palavra coesa é um "tratamento" na sua vida e, por meio delas, a vitória é certeira.

Não confunda, no entanto, poder de consumo como a fonte de toda a alegria, a estabilidade financeira é, sem dúvida, uma realidade que todos nós gostaríamos de viver. Mas ser a pessoa que sonhou não depende somente disso, é um erro acreditar que bens materiais lhe farão a pessoa mais feliz do mundo. Da mesma forma, é um erro acreditar que um parceiro ideal resolverá todos os seus problemas. Você pode ser o que quiser no mundo, mas a tão desejada felicidade estará sempre dentro de você.

ANJO: Elemiah – Invoca-se esse anjo quando o espírito está atormentado ou se faz necessário uma reconsideração de atos. Dotado de grande sorte e carisma, ele é sempre considerado o melhor naquilo que faz. A intuição que possui permite o funcionamento de suas atitudes perante o mundo que vive. Costuma ter forte pressentimento quando algo vai acontecer.

ELEMENTO: Fogo – Representa a ação, a motivação e a criatividade. Simboliza a expansão, o calor, a coragem e a vontade de lutar, de dominar e de conquistar. É a mente superconsciente, seu símbolo é um triângulo apontando para cima, representando o desejo de subir, de crescer na vida.

SALMO: 133:1-2 – Salmo que confere prosperidade, perfeição, realização e concede totalidade e equilíbrio.

*Senhor, abençoe a todos nós, Seus filhos,
que estão na casa de Deus durante as horas da noite.
Vamos todos levantar nossas mãos ao Santuário.
Chamaremos de bendito o nome do Senhor.*

26

Por que isso está acontecendo comigo?

*Tudo isso dói.
Mas eu sei que passa,
que se está sendo assim
é porque deve ser assim,
e virá outro ciclo, depois.*
Caio Fernando Abreu

Quando surge uma dificuldade real, muitas vezes ela vem acompanhada da pergunta: "O que fiz para merecer isso?" A resposta é que nossas experiências são resultantes da totalidade das nossas crenças.

No momento que a dificuldade se apresenta, significa que chegou a hora de nos livrarmos dela, superando o problema, seja qual for, por meio da oração e de uma conduta sensata. Com frequência, as suas dificuldades não devem ser algo do passado, mas um erro que você possa estar cometendo no presente. Faça uma breve avaliação da situação e peça a Deus para mostrar o erro. Afinal, Deus se importa com você.

Sempre que se questionar quanto a algo que está acontecendo e que não está de acordo com aquilo que planejou, substitua a pergunta por "o que isso tem a acrescentar em minha vida?". Às vezes coisas ruins acontecem em nossas vidas e não conseguimos compreender o porquê daquilo. Nesses momentos o mais comum é culpar a nós mesmos e principalmente aos outros; julgamos e a revolta vem sempre em primeiro lugar! Procure analisar os fatos em seus detalhes e entender que até mesmo o que é ruim tem um motivo para ter acontecido. São essas situações que nos fazem aprender e crescer.

Na maioria das vezes, as dores ou dificuldades que sentimos são maiores devido à dimensão que damos a elas. Você já parou para pensar "por que não comigo?". Já parou para se questionar o que você tem de diferente para que aquilo não acontecesse com você, mas, sim, com o seu vizinho? Estamos todos sujeitos as vissitudes da vida, o que vai fazer a difrença são as suas atitudes e a maneira de lidar com a situação.

Você pode lidar com isso, você consegue! Eu acredito em você!

Anjo: Caliel – Auxilia contra as adversidades, ajuda a conhecer a verdade nos processos, a triunfar os inocentes e a confundir pessoas malvadas.

Elemento: Ar – O sopro divino que nos acompanha desde o nascimento até a morte. É o elemento transformador, aquele que nos leva tanto à euforia quanto à instabilidade. Quando sentir dúvidas, incertezas, respire profundamente e deixe esse elemento preencher todo seu ser, assim as respostas virão mais facilmente.

Salmo: 90:9-10 – Protege contra as adversidades, favorece a nobreza, o magnetismo pessoal e as grandes descobertas. Combate a mentira e a irritação. Ilumina as lembranças de fatos ocorridos em outras encarnações.

Pois Ele é de fato meu refúgio.
Sinto-me confortado no Senhor Altíssimo.
Nada poderá me atingir.
Em minha casa não haverá doenças nem desavenças.

27

Transforme sua vida com força, foco e fé

*A lei diz: "Faça isso", e isso nunca é feito.
A graça diz: "Crê nisso", e tudo já está feito.*
Martinho Lutero

Transformar significa literalmente "dar nova forma, tornar diferente do que era, mudar, alterar, modificar". O próprio cérebro se expande por meio das transformações que começam na consciência. Transformar é ter ideia de que se é capaz. Evite preconceitos, pois provocam endurecimento do corpo mental (cérebro). Não é preciso dizer que, entre pessoas menos cultas, os preconceitos são mais fortes e completamente irracionais.

Fique sempre alerta para não formar um conceito antecipadamente e evite julgamentos; tente conhecer os dois lados de uma questão.

Devo relembrar que a atmosfera está saturada de correntes mentais que atuam e reagem em cada ser humano e que são diferentes. O importante é manter-se forte e vigilante para persistir no que acha certo, apesar de toda a pressão que possa estar sofrendo para fazer o contrário.

Nossa capacidade mental é reconhecida quando solicitada, permitindo, assim, a possibilidade da transformação, levando-nos a nos expressar verdadeiramente sobre o que conhecemos e sobre os nossos sentimentos.

Mudar para alguns pode ser angustiante, mas é o princípio lógico para atingir a sabedoria. Quando estiver no meio da angústia, entenda o que está acontecendo e reflita. Isso se chama "sabedoria por inteiro". Quanto mais procuramos alcançá-la, mais escapa de nossas mãos, quanto mais buscamos solucionar um problema, mais ele se solidifica, parecendo que todo o universo está contra nós. Na realidade, o que acontece é que quanto mais importância se dá a um problema, mais complicado ele se torna.

Não se revolte, não hesite, pois está prestes a dar um passo para divinizar, entrando em contato com sua parcela mais pura. Reaja, só você tem o poder de transformar sua vida. Tenha fé, seja forte, mesmo que a vida apresente episódios negativos, busque a força que existe dentro de você e lute! Procure sempre estar em sinergia com a positividade em tudo que faz, já que o otimismo é a fé em ação.

A vida também é a consequência de como encaramos o que nos acontece, quando se deparar com situações difíceis, procure absorver o que aconteceu de forma lúcida, pois maturidade é viver em paz com aquilo que não se pode mudar.

Siga em frente com força, foco e fé.

ANJO: Asaliah – Anjo que ajuda a atingir objetivos e metas construtivas. Facilita a compreensão em contemplar as coisas divinas, e influencia positivamente os justos por excelência, os incorruptíveis e aqueles que têm fé elevada.

ELEMENTOS: Água e Terra – A água é o elemento da transformação e da transparência. Associada à estabilidade da Terra, atua na transformação, mas com o foco, a força e a fé que esse elemento nos traz.

SALMO: 2:8-9 – Ajuda a descobrir a verdadeira espiritualidade e a obter sabedoria. Protege contra os problemas de saúde e conserva a paz nas famílias, neutralizando as intrigas de caluniadores. É usado contra a depressão causada por problemas financeiros e nas dificuldades de saldar compromissos.

Eu divulgarei por todas as partes o decreto que o Senhor me confiou: "Peça e receberá como herança as nações e a mais longínqua das terras". "Pode governar com cetro de ferro, mas, sem fé, este cetro quebrará, como um vaso de barro".

28

Somos espiritualmente livres

Tudo posso ser, minha alma errante e meu espírito livre me dizem somente uma certeza: Sou humano, demasiadamente humano.

Friedrich Nietzsche

A forma como vivem atualmente as pessoas, principalmente as mais velhas, almejando apenas o conforto material, silenciosas, desesperadas e com um vazio dentro delas, é errada. Já foi profetizado que uma minoria de indivíduos estaria pronta a fermentar uma nova sociedade. Somos espiritualmente livres, administradores da nossa própria evolução. Explorando nossa potencialidade espiritual, podemos chegar a uma nova dimensão de mentalidade. Não se conforme com nada.

Os jovens são criaturas destinadas ao "não conformismo". Quem se conforma, não vence, apenas se submete ao destino, sendo facilmente vencido e associado a um amor covarde, que teme a liberdade e permite se escravizar. Não deixe que essa seja a lei da sua vida.

Conquistar é coisa para os destemidos, por isso, viva cada dia até seu limite, exija o máximo da vida. Imediatamente, agora! Este pode ser o seu momento, a sua hora, algo que ninguém ainda ouviu soar na Terra. Aproveite! Faça acontecer!

Compreenda seu lugar no Universo e a capacidade de transformar a si e ao Todo, assim, tudo se torna possível, já que somos livres. Atreva-se a viver a vida em vez de fugir dela. Não se desvie do seu propósito, mesmo com a advertência de outras pessoas. Esqueça os sentimentos de medo e de culpa, esteja à prova dos conflitos, mantendo-se com a mente aberta, suportando, em alguns casos, a solidão, a frustração e a rejeição.

Temos, por merecimento, o direito de sermos livres espiritualmente. O mundo é repleto de regras e de cobranças, a todo momento temos de prestar conta dos nossos atos. Ser livre espiritualmente é ter o direito de agir conforme a sua Vontade, em concordância com as aspirações do seu Espírito. É estar em total aceitação com a sua essência divina, com a sua consciência, com a sua própria verdade interior. É poder usufruir de tudo, desde que não se torne dependente e escrava do que possui.

Não faça nada pela metade, nem contra sua lógica; não seja negligente nem persista em pensamentos desordenados. Na natureza, cada coisa está em seu lugar segundo as leis do equilíbrio das proporções e do ritmo.

Um país que não tem heróis é infeliz. Precisamos de espíritos livres para fazer a nossa história. Acredito nos jovens. Que eles tragam a libertação e uma nova orientação de vida para todos nós.

Anjo: Yabamiah – Anjo que contribui com a força de caráter e defende que grandes supremacias serão mantidas a qualquer custo. Incentiva uma imagem integra e seres espiritualizados, desprendidos de tudo que não seja essencial. Peça a esse anjo que o ajude na regeneração das pessoas como também de plantas ou de animais.

Elemento: Ar – Elemento que corresponde à mente racional, ao intelecto, a comunicação e à liberdade de expressão, facilitando assim um espírito mais livre.

Salmo: 123: 6-7 – Deus é o nosso libertador. O salmo 123 ajuda nos momentos de decisão entre dois caminhos e auxilia quando é necessário enfrentar as provas. É benéfico à orientação de pessoas sobre sua missão e ao cumprimento da sua vida terrena.

Bendito é o Senhor,
por não nos ter entregue aos adversários,
como presa em seus dentes. Nós escapamos,
como escapam as aves dos laços dos caçadores.
O Senhor partiu os laços, e livres nós ficamos.

29

O sofrimento pode ser uma prova

*A pedra preciosa não pode ser polida sem fricção,
nem o homem aperfeiçoado sem provação.*

Confúcio

O sofrimento nem sempre é indício de que a pessoa cometeu uma falta, ele pode ser uma provação, e provas e expiações, mesmo nos causando sofrimento, são necessárias como ensinamentos.

Se o seu espírito anseia por uma elevação, provas virão. Assim, quanto mais penosa for à luta, mais fácil será de o seu corpo (mente) ser recompensado quando sair vitorioso. Isso ocorre somente para as pessoas verdadeiramente boas, com sentimentos nobres, que passam por privações, suportando-as sem reclamar.

Muitas dificuldades ocorrem por atos que praticamos, pois somos vítimas da imprudência, do orgulho e da ambição. Também acontecem pela falta de ordem, do mau comportamento e da falta de freios em relação à cobiça.

Quantos casamentos são desfeitos porque são baseados em interesse e em vaidade, sem amor? Quantas dificuldades poderiam ser resolvidas se pelo menos um deles pudesse ter mais moderação nas palavras?

Muitos pais, por deixarem que seus filhos façam tudo (por fraqueza, preguiça ou indiferença), contribuem para que se tornem, quando adultos, orgulhosos, egoístas e vaidosos.

Cedo ou tarde, todos nós colhemos o que semeamos. Somos os autores de nossos sucessos e insucessos.

É preciso entender que os problemas acontecem com todos. Não existe uma infração mínima que mais tarde não tenha uma ou mais consequências negativas.

Somente Deus consegue ver os atos de todas as pessoas. Tenha certeza de que Ele não deixa que a impunidade desvie o caminho da pessoa correta. Todo efeito tem uma causa e, se admitimos que existe um Deus justo, a causa final será justa.

Qualquer sofrimento é indício de que não tivemos uma conduta correta. Isso ocorre para que possamos melhorar, para que, no futuro, não sejamos causadores de nenhuma mágoa.

Alguns dizem que são "pegos" de surpresa ao passarem por um infortúnio, mas não é verdade. O ser humano sofre com aquilo que fez os outros sofrerem. Se ele foi duro com alguém, será tratado da mesma maneira no futuro. Se foi orgulhoso, terá sua velhice terminada de maneira humilhante.

Tudo na vida material é apenas aparente. Quando elevamos os pensamentos, compreendemos que para cada pessoa é dado aquilo que merece, já que a justiça de Deus nunca falha.

A causa sempre ocorre antes do efeito e, por isso, a espiritualidade consegue responder a algumas perguntas levando em conta a lei do carma (ação e reação).

Nós, seres humanos, devemos entender que vivemos neste mundo material por conta das nossas imperfeições. Se estamos arrependidos e desejamos reparar o mal cometido, é um bom começo. É possível reparar nossos erros por meio do amor e da caridade, e assim, cosntruir nosso caminho em direção a evolução.

Não se revolte contra Deus. Não reclame das aflições e nem O acuse de ser injusto.

A finalidade das provas, no entanto, é a de exercitar a inteligência, tanto quanto a paciência e a resignação. A dor faz com que reconsideremos nossos atos para corrigi-los e, somente depois, para nos tornarmos verdadeiras fortalezas. O mérito consiste em sofrer, sem murmurar, as consequências dos males que lhe não seja possível evitar, em perseverar na luta e não se desesperar.

A autocomiseração, ou seja, sentir pena de si mesmo, é um sentimento destruidor. O sofrimento é decorrente da visão negativa daquilo que aconteceu. Procure limpar suas memórias ruins e certamente o sofrimento cessará. Analise a vida pelo prisma espiritual, procure entender o que aquela situação está querendo lhe dizer naquele momento.

Ao deixar de alimentar crenças limitadoras, e elevar a qualidade de seus pensamentos, você passa a compreender que a vida é mais simples do que os dramas que colocamos nela, consciente ou inconscientemente.

Anjo: Lauviah – Anjo que ajuda a entender o porquê de seus bens materiais serem conseguidos por meio de tanta luta ou mesmo de sofrimento. Proporciona uma reação agradável, cordial e reconfortante para as pessoas próximas. Ajuda a entender a tristeza, pois sabe conhecer os mecanismos internos do ser humano.

Elemento: Água – Elemento da conexão com as próprias emoções. Esse elemento em excesso pode levar a pessoa a negar as evidências, o que pode acarretar sofrimento.

Salmo: 135:23-24 – Salmo da Ação de Graças pelos benefícios de Deus, proporciona a realização espiritual, a maturidade e a honestidade. Confere prestígio, respeito e grande conhecimento teórico. Favorece a proteção divina.

E em nosso sofrimento e angústia,
Deus lembrou-se de nós, porque é eterna Sua compaixão.
E nos salvou de todos nossos adversários,
porque é eterna Sua compaixão.

30

O poder da mente positiva

*Há uma mina de ouro dentro de você,
da qual pode extrair tudo aquilo de que necessita
para levar uma existência gloriosa,
repleta de alegria e de fartura.*

Joseph Murphy

Em *O Poder do Subconsciente*, de Joseph Murphy, lê-se: "Se você está com dificuldades financeiras ou tenta fazer com que o dinheiro chegue até o fim do mês, significa que seu subconsciente está recebendo a mensagem errada. O indivíduo com a mentalidade limitada vive da mesma forma. De modo parecido ocorre ao criticar o sucesso dos outros e abrigar sentimentos de inveja. É por esse motivo que a riqueza corre longe e não para perto de você".

Mentalize essa afirmação diária: "Eu sou uno com as riquezas infinitas da minha mente. Tenho o direito de ser rico, feliz e bem-sucedido na vida. O dinheiro flui para mim de maneira livre, abundante e incessante. Estou sempre consciente do meu autêntico valor. Compartilho livremente meus talentos e sou maravilhosamente abençoado em termos financeiros".

Seja ousado para proclamar seu direito à riqueza. Se ela circula livremente em sua vida, você é economicamente sadio. Porém, não faça do dinheiro seu único objetivo. Reivindique também a saúde, o lazer, o descanso, a felicidade, a paz, o amor e a boa vontade para com todos. Jamais use a expressão "lucro sujo", nem diga "desprezo o dinheiro". Você perde tudo aquilo que critica. Também afaste a ideia de receber sem dar nada em troca. Fique atento aos seus objetivos, e sua mente mais profunda o apoiará.

O poder milagroso do subconsciente é ilimitado. Ele inspira, orienta, controla os batimentos do seu coração e a circulação do sangue, transforma os alimentos em tecidos, músculos, ossos, sangue e conhece a solução de todos os problemas. É uma fonte de poder e de sabedoria que nos coloca em contato direto com a Onipotência. Por isso, antes de dormir, faça uma oração e torne sua imaginação mais disciplinada. "Tudo quanto pedires em oração, crendo, recebereis" (Mt. 21:22). Alimente seu subconsciente com pensamentos de harmonia, de saúde e de paz, para que todas as funções do corpo estejam em normalidade. Imagine sempre uma solução feliz para seu problema e sinta a emoção da vitória se transformar em realidade.

William James (1842-1910), pai da psicologia americana, disse certa vez que a maior descoberta do século 19 não fora feita no reino da ciência física, mas no poder do subconsciente, ativado pela fé.

A felicidade é um estado da mente, por isso, não tropece no caminho por não reconhecer a simplicidade para alcançá-la. Torne-a seu bom hábito, pois essa é a colheita da mente tranquila. Ao abrir os olhos pela manhã, diga a si mesmo: "A ordem divina dirige minha vida hoje e todos os dias. Todas as coisas trabalharão hoje em conjunto para o meu bem. Esse é, para mim, um novo e maravilhoso dia. Serei divinamente orientado o dia inteiro e, no que quer que eu faça, prosperarei. O amor divino me cerca, abraça e envolve. Assim, andarei em paz".

Tenha em mente que o poder de ter a vida que você sempre quis está em suas mãos, ou melhor, está em seu subconsciente; lugar onde reside o poder da mente humana.

Seja dono de sua realidade, treine, exercite, faça do pensamento positivo uma prática diária. Não é tão complicado quanto parece, da mesma forma que ao acordarmos escovamos os dentes, você pode condicionar o seu cérebro a pensar de forma positiva diariamente.

Analise a sua mente conciente, fixe nela os seus desejos e deixa que isso penetre em seu subconciente por meio da repetição tranquila de pensamentos bons. Seja paciênte e persistente, leia sobre o assunto, medite, sinta a verdade nas suas palavras e assim, você transformará sua vida positivamente.

Anjo: Rehael – Anjo que auxilia nas orações ou nas emanações de pensamentos positivos. Sua verdade será eterna, cumprindo a missão cármica de vencer os maldosos. Quem a esse anjo buscar estará sempre estudando meios ou métodos para acabar com a maldade. São pessoas positivas, que acreditam em milagres e sabem que eles acontecem pela misericórdia divina. São convictos de que o homem poderá superar os obstáculos usando a inteligência levando-o a pensar positivamente.

Elemento: Fogo – Elemento do movimento e da ação, um excelente estimulante que ajuda a trabalhar sua criatividade, transmuta as ideias que não servem e ajuda as pessoas a se expressarem de forma criativa. Fogo aumenta o entusiasmo, permitindo que suas ideias não sejam reprimidas, mesmo que em um primeiro momento, elas pareçam absurdas.

Salmo: 138:4-5 – Deus, que está presente em tudo, e que a tudo vê. Salmo que representa o princípio divino, proporciona conhecimento e sabedoria, principalmente nos assuntos esotéricos. Simboliza a retomada da consciência positiva e auxilia a reavaliação da própria vida e a revelação da missão terrena.

*Ainda quando estou pensando,
quando nem a palavra chegou a meus lábios,
o Senhor já a conhece inteiramente.
Para onde quer que eu vá, para trás ou para frente,
o Senhor me envolve e me protege com Sua mão.*

31

O princípio da harmonia

*Conhecereis a verdade,
e a verdade vos libertará*

João 8:32

Conhecer a verdade significa estar em harmonia com a inteligência e o poder infinito da mente e da sua espiritualidade. Todos os pensamentos e os atos desarmônicos que são motivados pela ignorância resultarão em discórdia e em limitações de todos os tipos. Recuse-se a abrigar pensamentos e imagens negativas. Se deseja afastar-se da escuridão, acenda a luz.

A personalidade frustrada está em desarmonia com o infinito. Ela calunia e critica até mesmo as pessoas que a trataram com bondade e atenção. A atitude dela é: "Por que os outros são felizes, quando eu me sinto tão infeliz?". E quer arrastá-lo para o seu próprio nível. Lembre-se de que a mente subconsciente se assemelha a um gravador que reproduz fielmente tudo que você nele carrega. Sofrimento adora companhia.

A política do medo propõe exatamente o oposto da harmonia. Todos os dias somos bombardeados por notícias que plantam em nós sementes de inutilidade, medo, preocupação e ansiedade. O importante é examinar regularmente as sugestões negativas que recebemos e ficarmos indiferentes às sugestões destrutivas. Muito do que vemos é uma forma de projetar o medo. Portanto, pense no bem, e o bem acontecerá. Pense ou veja o mal, e ele acontecerá. Durante o dia inteiro você é aquilo que pensa. Declarações pesadas têm o poder de nos machucar, por isso, saiba que podemos sempre mudar para melhor.

A harmonia deve fazer parte de todos os setores da nossa vida. Conviver em sociedade requer muita disciplina, mas também não podemos nos esquecer da leveza. Viver é um exercício diário de respeito mútuo e de tolerância. O contrário disso gera, na maioria das vezes, os chamados conflitos.

Crenças limitantes devem ser vencidas, não se sabote! Afaste o lixo tóxico da sua mente. O princípio da harmonia consiste em desfrutar, sem medo, tudo aquilo que é seu por direito. Não crie carências em sua vida, não decrete pobreza para o Universo, mas, sim, abundância. Não devolva os presentes de Deus!

Anjo: Chavakiah – Anjo que é invocado quando queremos estar de bem com todos, para eliminar as forças das pessoas que querem nos ofender, para ajudar na reconciliação e para manter a paz e a harmonia entre as famílias.

Elemento: Ar – Elemento da clareza mental, ajuda a colocar os pensamentos e as ideias em ordem e a controlar a ansiedade, trazendo, assim, harmonia.

Salmo: 58:1-2 – Confere compreensão e capacidade para escolher o melhor caminho e a oportunidade mais recomendável. Favorece a harmonia e o cuidado com o corpo.

Meu Deus,
livre-me das pessoas que pensam de forma negativa.
Livre-me de quem faz maldades,
e salve-me dos homens que não têm coração.

32

A arte da superação

Tudo o que não nos destrói, torna-nos mais fortes.
Nietzsche

Quem nunca se sentiu rejeitado, ferido ou traído por alguém? O que fazer nesses momentos? Como definir a linha tênue que separa esses dois extremos: a vontade de se vingar e a arte de superação? Essa última alternativa transforma você em um vencedor na virtude, pois vai beneficiar mais a si mesmo do que o outro que o prejudicou. Trata-se de um processo interno para compreender a responsabilidade por uma nova percepção e aceitação da vida.

Superar não quer dizer que uma pedra foi colocada sobre o assunto. Não significa que deve aceitar o comportamento abusivo do outro. A principal lição não é a de não mais errar, mas, sim, a de superar e vencer. É livrar-se de algo que fará sua vida mudar para melhor, porque vai retirar do dia a dia um sentimento ruim e acreditar que a felicidade existe. É aprender a amar e a aceitar que os outros também têm seus defeitos.

A raiva é o veneno, e a superação de uma etapa difícil, o antídoto. Quem se perde na raiva, na vergonha ou na culpa torna-se um prisioneiro desvitalizado. Quem guarda ressentimentos indica que é incapaz de superar o que aconteceu.

Quando alguém diz: "Não tenho forças para continuar", cria a ilusão de que o outro é poderoso, e isso não é verdade. Sua tarefa é reunir o que foi disperso, ou seja, nada mais do que retornar à unidade original.

Para ser indestrutível tem que primeiro ser destruído. O fundamento do sacrifício em qualquer religião é dividir para depois reunir, desintegrar-se para depois reintegrar-se, sendo UM nos tornamos "muitos".

A sabedoria é a única saída para se ter a coragem de enfrentar a vida depois da experiência da perda, da traição, da raiva, do lamento e da solidão.

Nessa jornada, o que deve haver é uma conexão entre a sua identidade e a sua alma. Essa é a única maneira que conheço de sobreviver e se diferenciar das pessoas comuns, e ainda continuar conectado com o mais sagrado, o seu mundo divino.

Os padrões de crença que seguimos são transmitidos pela nossa família. Geralmente, aceitamos o que nossos pais acreditavam sobre prosperidade, saúde, culpa e amor. Com frequência, continuamos a levar conosco esses padrões na fase adulta. Não veja nisso uma desculpa para ficar ressentido ou culpar o passado por todos os seus problemas. Também não fique preso a uma mentalidade de vítima, caso contrário, seus filhos e netos herdarão as mesmas crenças. Rompa o ciclo e perdoe (pessoalmente ou mentalmente) quem o prejudicou. Quando estiver em harmonia, o amor vai expandir dentro de você e em direção a toda sua família.

Anjo: Nemamiah – Anjo que ajuda a todos que trabalham por uma causa justa. Auxilia a prosperar em todas as áreas e na superação de pessoas viciadas, suportando a fadiga com paciência e coragem.

Elemento: Fogo – Superar requer muito esforço. Quando em equilíbrio, é esse o elemento que nos dá motivação e encantamento pela vida. Em desequilíbrio, é a euforia, a excitação excessiva. O Fogo tem ousadia, acredita em superações e em milagres.

Salmo: 3:5-6 – Salmo da confiança. Ajuda a encarar os problemas de frente. Dá forças para empreender e executar as coisas mais difíceis. Afasta o temperamento explosivo e pensamentos de vingança.

Tranquilo, deitei e adormeci.
Quando despertei senti o Senhor a meu lado.
Nunca mais terei medo, meu Deus,
não temerei as pessoas más que me cercam.

33

Doenças, dependências e a maneira errada de pensar

As doenças são os resultados não só dos nossos atos, mas também dos nossos pensamentos.

Mahatma Gandhi

Alguns problemas podem nos trazer doenças tanto físicas como emocionais. Doenças são criadas por fatores externos, hereditários, mas também pelo pensamento. Nosso corpo deseja ficar saudável e cômodo, mas ele também está ouvindo cada palavra que pensamos ou dizemos a seu respeito, refletindo nossas convicções íntimas. Quando aceitamos a responsabilidade pelos próprios pensamentos, assumimos uma vida mais saudável.

As drogas, o álcool, os jogos de azar, o consumismo, os alimentos e até as relações podem ser focos de dependência, fruto daquilo que pensamos ou até mesmo daquilo que achamos que não pensamos. Com frequência buscamos fontes de validação porque não sentimos amor ou aprovação por nós mesmos. Culpamos outra pessoa ou situações por nos fazer do jeito que somos.

Quando você realmente deseja a mudança, pode fazê-la acontecer, mas, para isso, não se isole. Peça ajuda a amigos, parentes, profissionais da saúde e grupos de apoio.

Devemos ter responsabilidade por nossos pensamentos, até mesmo com aqueles que são involuntários. É disso que resulta uma boa saúde mental. Aceite a responsabilidade por seus pensamentos, porém evite o sentimento de culpa. Assuma o controle da mente para escolher seus sentimentos com propriedade. Não continue agindo de maneira autodestrutiva. Em vez de reforçar seus velhos sentimentos de negatividade e de desesperança, redirecione a energia no sentido de manifestar uma vida melhor para si mesmo, independentemente da adversidade que esteja enfrentando.

Fruto de uma condição psicológica negativa, a codependência também é uma doença. O codependente se apega emocionalmente a outra pessoa, ele é capaz até mesmo de incentivar o outro ao fracasso para criar a falsa ilusão de dependência, mas que, na verdade, é ele – o codependente – que depende da pessoa. Liberte-se da codependência, acredite mais em você.

ANJO: Anauel – Anjo que ajuda a encontrar a verdadeira espiritualidade e a obter sabedoria. Protege contra problemas de saúde, acidentes e conserva a paz nas famílias, neutralizando as maldades dos inimigos.

ELEMENTOS: Todos – Os elementos estão na base da nossa saúde física e emocional. O equilíbrio ou desequilíbrio dos elementos expressa a nossa vitalidade ou nível de estresse e doença que temos. Procure tirar o melhor de cada elemento, o seu suprassumo e não o veneno do elemento em desequilíbrio.

SALMO: 29:1-2 – Graças por escapar de um grande perigo. Favorece a consciência para que os homens reconheçam seus próprios atos. Ajuda a ter paz, boa saúde e longevidade. Reforça o amor paternal e filial, além de conferir respeito e obediência das crianças para com os mais velhos. Fortalece contra a severidade, a crueldade, a violência e os vícios, como o da bebida, por exemplo. Ilumina as pessoas desesperadas, com pensamentos suicidas, revelando um novo caminho.

Eu exalto o nome do Senhor, porque me livrou e não permitiu que os maus se alegrassem à custa de meu sacrifício.
Senhor, meu Deus, eu O chamei e o Senhor me ajudou.

34

Sua vida pode ser maravilhosa

Aquilo que escuto eu esqueço,
Aquilo que vejo eu lembro,
Aquilo que faço eu aprendo.

Confúcio

Estamos em constante busca da nossa realização pessoal e profissional. É comum ouvir as pessoas reclamando do trabalho, do casamento, da vida, etc. O ciclo se repete dependendo do grau de insatisfação em que a pessoa se encontra. Lembre-se de que qualquer que seja a posição em que está agora, foram seus pensamentos que a atraiu para ela. É hora de abandonar os pensamentos limitadores e se permitir avançar na direção que pode lhe trazer felicidade.

Cada novo dia traz infinitas oportunidades de transformação, porém, algumas pessoas parecem estar desprovidas da capacidade de abandonar velhos hábitos, mesmo se estes estiverem presos a padrões de sofrimento. Outros ficam tão envolvidos em viver suas rotinas, que não percebem a existência de outro modo de ser.

A cada novo pensamento se tem a real chance de mudar, pois cada um deles é uma escolha. Podemos escolher pensamentos que perpetuem a positividade ou a negatividade. Uma vida maravilhosa depende unicamente de você.

Todos nós atravessamos períodos em que nos perguntamos de que jeito vamos alcançar o objetivo de nossa vida ou até se "temos objetivo". Muitos têm um sentimento de vazio e não sabem como preenchê-lo.

A mudança da atitude mental é o primeiro passo. Lembre-se de que a felicidade não é algo que encontramos "no mundo que nos rodeia". Ela vem de dentro, por meio da autoestima e da aceitação. Portanto, ame-se e confie na inteligência divina que há dentro de cada ser. O Universo trará o que necessita, permita-se.

Tudo dará certo se você ousar. A vida é um jogo, com o passar dos anos temos a impressão de que as apostas vão se tornando cada vez mais arriscadas. Aprendemos que a vida não se curva como achamos que deveria diante dos nossos desejos. Muitas vezes ela se mostra hostil com nossos problemas e, ao invés de se parecer com o gorducho gênio da lâmpada, acaba se transformando na "curva perigosa à direita".

Não pense tanto no futuro, apenas diga sim a todas as possibilidades, grandes ou pequenas, e lance a sorte no tabuleiro da vida, chamado "presente".

Às vezes somos apanhados por imprevistos; não se importe com isso, viva o jogo da vida. Ninguém consegue ser o mesmo a cada dia.

Viver e morrer são as únicas certezas que existem, além de ser uma experiência válida e maravilhosa! As pessoas ficam com medo diante da vida, não sabem optar por qual caminho seguir. Decida pela recompensa da comunhão consigo mesmo. Não perca tempo entre errar ou acertar, isso é o que menos importa.

Nessa jornada o que deve haver é coesão com sua identidade e com sua alma, a única maneira que conheço para sobreviver e ser diferente das pessoas comuns, ou seja, ir muito além dos outros.

Não espere pela revolução, seja você mesmo a revolução, mas que seja pacífica! Ficar esperando que alguém vá mudar seu mundo, protegido pelas bênçãos dos céus é tolice. Ninguém pode mudar seu universo, você sabe disso.

Claro que o bem sempre triunfa, já que o bem faz parte da verdade. E se você acha que está fazendo o melhor, vá em frente, ou então se aprimore; tenho plena convicção de que vencerá. Mas, para isso, assuma o controle e a responsabilidade da sua vida.

Ao desenvolver diariamente sua confiança e sua autoestima, algo mágico pode acontecer. Não procure respostas nas outras pessoas, mas em si mesmo.

Afaste a dor do seu rosto. Não se deixe assemelhar a um guerreiro. Solte as armas! Deixe de carregá-las para cima e para baixo. Que tal largá-las no porão da sua casa? Afinal, meu amigo, os braços foram feitos para abraçar.

Não se apegue ao passado. Mas também não o menospreze, muito do que você é hoje foi construído no seu passado. Aprenda a aceitar as perdas e as falsas acusações. Seja forte e tenha sabedoria para resistir às tentações do mundo. Cultive a força da tolerância, se autoavalie sempre, de forma responsiva, seja para o mundo quem você deseja que sejam para você.

Anjo: Damabiah – Anjo que favorece contra os sortilégios ou presságios negativos, ajuda na obtenção do triunfo e faz com que os empreendimentos tenham resultados úteis. Auxilia nas pesquisas, que se tornarão históricas, ou na realização de grandes eventos. Quem a esse anjo pede ajuda descobre a forma correta de não despender energia, mostrando que, por intermédio da eterna busca do conhecimento, superará os infortúnios.

Elementos: Terra e Ar – Terra crê nas leis das possibilidades. Ar é a nossa porção ligada à vida social, aos amigos, às redes sociais, aos livros. Quando unidos, esses elementos podem deixar a sua vida maravilhosa.

Salmo: 106:9 – Salmo que fortalece a realização profissional, concedendo uma ação prudente e correta. Faz ser respeitado e confere poder, superioridade e confiança em terras estrangeiras.

*E o Senhor saciou quem tinha fome
e reuniu bens para todas as pessoas.*

35

Comece do zero!

> *O insucesso é apenas uma oportunidade para recomeçar com mais inteligência.*
> Henry Ford

Muitos procuram explicações místicas para entender por que estão passando por um problema. Esse pode ser um caminho, mas não perca tempo; feliz é aquele que não se deixa perder na depressão ou na desesperança.

Deseja começar do zero uma nova vida? Está preparado? Claro que sim. Se você vivencia uma crise, significa que algo deve ser imediatamente transformado. Esse é o passaporte para entrar com o pé direito em uma fase melhor. Os problemas devem ser o impulso, ou seja, a chave para abrir a porta chamada "vida nova". E, para transformar a sua vida em algo novo, não deixe que nada o iniba; comece agora. Momentos críticos indicam que fatores urgentes estão prontos para revelar a verdadeira potencialidade da sua existência.

"Quando o Céu está a ponto de conferir um grande trabalho a alguém, primeiro exercita seu espírito no sofrimento, seus nervos na preocupação e seus ossos na fadiga. Expõe seu corpo à fome, sujeita-o à extrema pobreza e o faz fracassar na sua empresa. Por todos esses meios, estimula o espírito, endurece o corpo e remedia todas as deficiências".

Crie um ambiente repleto de transformações na sua vida, seja uma promessa angelical de prosperidade. Como dica, utilize algum conhecimento adquirido há alguns anos que provavelmente desconsiderou; resgate isso das gavetas da sua memória e coloque em sua prancheta de ideias. Transponha a inércia do medo e tente atingir uma meta que, para outros, pode soar como um plano impossível. Assim, a ânsia pelo conhecimento aumentará em um ritmo impressionante.

Por mais que todos os deuses se apresentem diante de você e digam para ter prudência, ignore. Você sabe de cor e salteado o que é isso. Agora é urgente mergulhar fundo nas experiências e tirar o melhor proveito delas. Permita que os mesmos deuses o abençoem. Você é um vencedor e não um rival que muitos poderão ver como uma espécie de combatente, pois terá que defender seu ponto de vista para empreender suas novas metas.

A Era de Aquário está aí e, sem que se perceba, um número maior de pessoas com ideias espetaculares está ressurgindo. Na verdade, são filhos da mesma mãe, chamada Nova Era.

Você não é igual a ninguém, é único. Sempre que alguém vislumbra uma possibilidade de mudança, por si só isso implica uma reorganização de vida. Dê uma nova forma ao seu conteúdo. Tenho certeza de que ficará surpreso com a *persona* que surgirá em si mesmo, criada a partir do seu poder, que é único e especial.

Anjo: Elemiah – Invoca-se esse anjo quando o espírito está atormentado ou quando se faz necessário uma reconsideração de atos. Elemiah adora abrir a mente das pessoas com ideias e propostas novas.

Elemento: Fogo – A ação é o fator base do Fogo, portanto, recomeçar, significa queimar e se refazer. O Fogo cria, dá vida e aquece. É um elemento ambivalente: por um lado constrói, dá vida, protege e aquece; por outro queima, modela, destrói e devasta.

Salmo: 1:1 – Salmo que ajuda a iniciar uma vida nova, após o rompimento de uma relação afetiva. Favorece propostas de um bom emprego, sendo usado para agradecer os produtos da terra, ter amigos leais e sempre agir de forma honesta e correta. Confere autoconfiança, flexibilidade e capacidade de escolha.

Eu sou feliz, porque nunca segui um só conselho
de alguém que pense de forma negativa.
Meu modo de viver é correto, e não me dobro aos poderosos.

36

Pessoas maléficas

> *O que me assusta não são as ações*
> *e os gritos das pessoas más,*
> *mas a indiferença e o silêncio*
> *das pessoas boas.*
>
> Martin Luther King

A escritora Lillian Glass, em seu livro *Pessoas Maléficas*, explica que um indivíduo venenoso afeta qualquer área de nosso bem-estar. De maneira geral, essas pessoas são grosseiras e insensíveis à dor do próximo. Seus comentários ecoam na mente das vítimas feridas e chegam a mutilar a psique para sempre. Sugam a energia como um vampiro, tanto nos contatos físicos como na comunicação virtual.

Você até pode se autoenganar e dizer que esse comportamento não afeta tanto assim, porém, os sintomas advindos de pessoas maléficas variam desde dor de cabeça, náusea, febre, irritação na garganta, comichões na pele e até falta de ar. Alguns enfrentam letargia e depressão. Mas por que existe esse tipo de pessoa?

Quem recebe o golpe se sente ferido, e o melhor a se fazer nesses casos é colocar a pessoa no seu devido lugar. Se ela não tem consciência do sentimento dos outros e fala o que vem à mente, sem censura, não é possível simplesmente abaixar a cabeça e aceitar as ofensas. A típica frase venenosa é quando, depois de um comentário bizarro, ela se apressa em desmenti-lo, jurando que "estava apenas brincando". Só que o estrago foi feito e quem ouviu se sentiu esmagado por um rolo compressor.

Quem é venenoso revela o que realmente pensa e reflete a enfermidade moral de um indivíduo. Portanto, não se iluda: ela não vai mudar, e o melhor a fazer é se afastar. A lição mais importante é não ser sentimental quando alguém joga você para baixo. Podem tentar destruí-lo, arrasando sua autoestima, sua dignidade e envenenando sua essência; você tem de permanecer forte, porque essa pessoa não é solidária, mas ciumenta, invejosa e se mostrará hostil cada vez que se sair bem em alguma coisa.

Você pode ser maravilhoso, mas se estiver perto de alguém tóxico poderá se transformar em uma pessoa que nem mesmo você conseguirá reconhecer. Esse alguém pode trazer à tona o que há de pior em sua essência, fazendo com que você aja de modo tão negativo, que mais tarde terá vergonha das suas próprias ações.

Aquele que fere precisa saber o quanto foi agressivo e isso tem que ser feito de imediato, ou seja, fazendo com que experimente a horrível sensação de ser ignorado.

Aprendemos desde cedo que não é de bom-tom ficar zangado ou brigar, mas às vezes somos obrigados, porque é a única maneira de se desligar de algo ou de alguém. Tire de dentro de si as emoções que o unem a esse indivíduo e não se preocupe mais com o que acontece na vida dele. Você não tem obrigação de ajudar alguém que é descortês o tempo inteiro.

Sempre existirão pessoas venenosas no mundo, mas você tem a opção de desligar-se delas. Diga "não" à inveja, ao ciúme, ao ódio e não aceite ser vítima de ninguém, mas, sim, ser uma pessoa pacificadora e vencedora.

Saiba identificar uma pessoa maligna: elas mentem o tempo todo; são obcecadas por controle; negam a realidade; distorcem a verdade e roubam seu tempo de forma sútil, você nem percebe. Pessoas assim agem sempre com segundas intenções; são manipuladoras e, sem remorso algum, convencem todos a seu redor de que elas estão certas.

Proteja-se, não aceite nada de pessoas tóxicas, todos nós caímos e temos a capacidade de nos levantar. Procure afastar essas pessoas do seu convívio, não atenda ligações ou responda mensagens. O melhor a fazer é tomar distância delas. Viva sua vida da melhor forma possível, tenha fé na luz que existe em você.

Anjo: Lelahel – Anjo que é invocado contra as pessoas maldosas. Quem tem a influência desse anjo é detentor de muita força para cortar o mal, além de ser dotado de grande idealismo e de muito equilíbrio. Está sempre pronto a ajudar os que necessitam, chegando mesmo a fazer "sacrifícios", agindo de forma desinteressada.

Elemento: Água – Como elemento purificador e renovador, a Água é perfeita para "limpar" toda influência maléfica que estiver ao seu redor, ou até mesmo dentro de você. Helena Blavatsky retratou muito bem esse elemento quando disse: "Quando estiveres tomando banho, exercita, durante todo o tempo, a tua vontade, para que as tuas impurezas morais sejam levadas pela água juntamente as demais impurezas do teu corpo".

Salmo: 30:20 – Esse é o salmo mais poderoso contra o mau uso da magia. Destrói qualquer tipo de trabalho e o poder do inimigo. Protege contra calúnias e contra pessoas que se utilizam de sortilégios para tirar proveito de inocentes. Favorece a escolha correta da vocação ligada ao trabalho ou ao estudo. Beneficia em especial as mulheres, para que triunfem no mercado de trabalho com liderança e inovação, dando-lhes sucesso e prestígio e protegendo-as de pessoas maléficas. Auxilia na luta contra o preconceito.

Com a visão de Seu sublime rosto,
o Senhor me protegeu contra as maquinações
das pessoas, que estão sob a ação do gênio contrário.
Sob Sua proteção estarei seguro das línguas maldosas.

37

Provas que a vida dá

*Deus quer destruir em ti o que tu mesmo fizeste
e pôr a salvo em ti o que Ele fez.*

Santo Agostinho

Emmanuel, o mentor de Chico Xavier, orientou: "Se a provação se abateu na sua vida a ponto de não saber como orientar o próprio caminho, é importante não se entregar a qualquer atitude negativa. O desânimo é o principal fator do mais amplo abatimento. O importante é ter disciplina. Queixar-se não adianta e acusações só vão agravar o quadro de inquietações. A fuga o lança ao descrédito, e o desespero, ao desequilíbrio. Confidências amargas tendem a mergulhar sua essência em problemas inúteis. A mágoa apenas trava sua mente. A única saída para superar qualquer provação é enfrentá-la com humildade e coragem, procurando esquecer o mal e seguir o bem, trabalhar e servir com ânimo e decisão, reconhecendo que, amanhã, a divina providência fará surgir um novo dia".

Por mais antagônico que pareça, as dificuldades da vida garantem uma existência menos sofrida. Nosso espírito só pode melhorar quando suporta as dificuldades da existência corporal e os percalços da vida material, pois funcionam como uma espécie de depurador para alcançar a perfeição.

O que parece ser injusto, muitas vezes, não o é. Da mesma maneira que não conseguimos enxergar o fim da estrada que estamos percorrendo, também não sabemos os objetivos de Deus quanto aos caminhos até chegar a Ele. Confie. Deus nos manda o remédio, que nem sempre é agradável, para nos curarmos de algo muito mais sério.

Se estiver acontecendo algo errado na sua vida neste momento, isso não define seu futuro, mas, sim, a maneira como reage a tudo o que está acontecendo. Não se lamente. O que há de melhor a se fazer é aprender com seus erros e os erros dos outros.

"Isso também passa", dizia Chico Xavier. Só você pode decidir como será o seu dia hoje e amanhã: repleto de otimismo e esperança ou tristeza e amargura.

Sofrer não é a solução, o espírito, livre da matéria, aprecia as coisas de maneira diferente da nossa. Percebe que há um objetivo, bem mais sério que os prazeres ilusórios do mundo. Ele se submete voluntariamente a todas as alternâncias e às dificuldades da vida corporal, pedindo para que seja permitido alcançar mais prontamente o objetivo a que almeja. Não há, portanto, motivo de estranheza no fato de o espírito encarnado não ter escolhido uma existência mais suave.

No entanto, nosso espírito pode escolher uma missão que esteja acima de suas forças e, então, fracassar. Ele pode também escolher algo que não lhe dê nenhum proveito, que resulte em uma vida ociosa e inútil e, depois, quando retorna ao mundo espiritual, percebe que nada ganhou e pede para reparar o tempo perdido em outra encarnação.

Essa escolha é inerente a nós, seres humanos. Não somos nós enquanto seres terrestres que vamos determinar a escolha que nosso espírito fará.

> Anjo: Haheuiah – Ajuda a obter a graça e a misericórdia de Deus, protege os exilados, os prisioneiros e as pessoas que estão sofrendo penalidades legais injustamente.
>
> Elementos: Fogo e Água – A vida está sempre nos colocando em prova, os elementos Água e Fogo, juntos, equilibram as emoções e a intuição, tornando mais fácil de enfrentar as provações.
>
> Salmo: 34:15-16 – Apelo a Deus para obter justiça divina. Salmo que confere vitória e fortifica os relacionamentos. Auxilia nos estudos de filosofia e conserva a amabilidade, a jovialidade e a modéstia.

38

Sobre o castigo de Deus

Eduquem as crianças e não será necessário castigar os homens.
Pitágoras

Deus não nos castiga, isso é um mito convenientemente inventado para manter os fiéis presos a suas igrejas, seitas ou religião.

Nada acontece sem a permissão de Deus, que estabeleceu todas as leis que regem o Universo. Ele deu ao espírito a liberdade de escolha e deixou a responsabilidade dos nossos atos, e das consequências deles, em nossas mãos.

Em sua infinita bondade, Deus nos deixa livres para recomeçar e nos ajuda a reparar os erros para seguir em frente.

Porém, quando se passa por duras provas, com a sensação de fracasso nas costas, resta uma consolação: culpar Deus por nossos erros.

Deus traça o caminho que devemos seguir, como se faz com uma criança desde o berço, deixando-nos livre para escolher à medida que nosso livre-arbítrio se desenvolve. Há pessoas que desde o começo tomam um caminho que os livram de muitas provas. Outros se extraviam ao seguir o mau caminho e não escutam os conselhos dos bons; é o que se pode chamar de "queda do homem".

Não devemos culpar Deus e dizer que Ele nos castiga pelos maus que nos afligem. Se algo ruim nos acontece, devemos sim procurar a fonte mundana do problema e tentar solucioná-lo. Para isso volte sua essência para o seu interior, busque o sagrado e tenha fé.

O contentamento de Deus é ver seu filho feliz, para isso nos foi dado o livre-arbítrio, use-o com coerência. Construa seu próprio destino. Corra atrás das oportunidades ao invés de esperar que elas caiam do céu.

Controle suas emoções e seu humor: não se deixe levar por eles, assim, não precisará se preocupar com "castigos", mas, sim, com "realizações"!

Anjo: Mahasiah – Invoca-se esse anjo para se viver em paz com todo mundo. Mahasiah é dotado de grande equilíbrio interior, senso de justiça, generosidade e sabedoria. Recorra a esse anjo quando tiver dúvidas sobre a verdade, que é o seu Deus.

Elemento: Éter – Deus não castiga. A espiritualidade do elemento Éter pode nos ajudar tanto a interagirmos corretamente com as verdades ocultas quanto a abrirmos a mente para as Leis Universais. O Éter nos possibilita estar em contato direto com a abertura do mundo oculto, causando-nos um entendimento de que somos os únicos responsáveis pelos nossos atos.

Salmo: 33:22 – Recompensa pelo amor e pela confiança em Deus. Propicia a convivência pacífica com todos que nos cercam. Auxilia na destruição de seus projetos maldosos e o resgate da fé e da confiança em Deus.

Senhor, resgate a fé da alma de seus filhos.
Ninguém pode temer qualquer castigo,
quando crê e busca refúgio em Deus.

39

O livre-arbítrio

Temos a capacidade e a responsabilidade de escolher se nossas ações seguem um caminho virtuoso ou não.

Dalai Lama

Somos os únicos seres dotados do poder de escolher as próprias ações, conscientemente, e que caminho devemos seguir. Enquanto espíritos, escolhemos nossa expiação pela natureza de nossos erros para avançar mais rapidamente em nossa evolução, podendo até, caso entendamos que seria certo enquanto espírito, escolhermos uma vida de privações para tentar suportá-la com coragem e, assim, evoluirmos mais rapidamente.

Nosso espírito escolhe o gênero de provas que vai passar, e nisso consiste o livre-arbítrio. Os detalhes são consequência das situações que vivemos e de nossas próprias ações. Sabemos que, ao escolher qualquer caminho, teremos uma luta a suportar. Quanto mais o caminho for cheio de sulcos profundos, mais disciplina devemos ter para seguir a vida.

Mas por que o espírito escolheria provas tão dolorosas?

Quando se está liberto da matéria, a ilusão cessa e a forma de pensar é outra. O homem, na Terra, estando sob a influência das ideias terrenas, vê nas suas provas apenas o lado doloroso. Por isso lhe parece natural escolher as provas que, em seu ponto de vista, podem ser conciliadas com os prazeres materiais. Porém, na vida espiritual, não se dá nenhuma importância aos sofrimentos passageiros da Terra.

A vida terrena é uma extensão das escolhas de nosso espírito, no entanto, o livre-arbítrio se aplica aqui também, como uma extensão das escolhas do nosso espírito.

Em outras palavras, nosso espírito pode escolher as privações, mas cabe a nós contornarmos isso para que nossa jornada seja de ascensão e não de sofrimento.

Quem escolhe o caminho dos vícios, por exemplo, tem o senso moral ainda pouco desenvolvido. A provação não está na escolha do vício, mas na forma como a pessoa viverá depois que a tempestade cessar. Mais tarde o indivíduo compreenderá que o vício provoca consequências deploráveis na alma. O importante é ter a consciência da falta em que incorreu e ficar pronto para que Deus o resgate em mais uma prova libertadora.

Não confunda livre-arbítrio com liberdade para fazer o que quer. O desrespeito, por exemplo, não é livre-arbítrio, é falta de educação.

Todos têm, realmente, direito de fazer o que quiser com sua vida e escolher qual caminho quer seguir, desde que não prejudique ninguém.

ANJO: Mebahel – Anjo da justiça, da verdade e da liberdade, livra as pessoas que se sentem prisioneiras ou deprimidas, protege os inocentes e faz conhecer a verdade.

ELEMENTOS: Ar e Terra – Quando a intelectualidade do Ar encontra a segurança do elemento Terra, para que esse contato não se torne um problema, é necessário respeitar os limites de cada um. A firmeza de propósito para o sucesso depende dessa capacidade de respeitarmos o livre-arbítrio e, a partir disso, fazer as melhores escolhas.

SALMO: 22:4 – Salmo que favorece a liberdade plena, concede alegria, prazer e entusiasmo juvenil. Possibilita o início de um novo processo e faz enxergar novos horizontes. Incita ao questionamento das verdadeiras necessidades, para então determinar um novo caminho.

Ainda que caminhe por vales tenebrosos,
não temerei mal algum, pois o Senhor está comigo.
O Senhor, com Seu cajado, protege-me e me conforta.

40

A dor da perda de um ente querido

> *A saudade eterniza a presença de quem se foi.*
> *Com o tempo esta dor se aquieta,*
> *se transforma em silêncio que espera,*
> *pelos braços da vida um dia reencontrar.*
>
> Padre Fábio de Melo

Capaz de ultrapassar o poder do entendimento humano, numa sociedade na qual se aprende que o certo é nunca perder, a morte é vista como um castigo, mas para quem tem uma existência bem vivida, na hora que ela chega, simplesmente é bem recebida pela pessoa que partiu.

No Oriente, essa concepção é diferente, já que o conceito da alma em relação à morte é visto como o renascimento para algo melhor, o que não a torna de todo tão difícil. No Ocidente, a morte é tratada como uma espécie de prática criminosa, sendo escondida das crianças, desdenhada pelos jovens e afastada do pensamento dos mais velhos.

Em um texto budista é relatado o episódio da mulher que, segurando o filho morto, procura Buda e pede para que o reviva. Ele diz que sim, mas que ela teria que lhe entregar sementes de mostarda de uma casa onde nunca tivesse ocorrido uma morte na família. Ela segue sua jornada e, no fim do dia, retorna dizendo que não conseguira as sementes, pois, em todas as casas, ocorreram perdas. Ela compreende, então, o princípio da morte.

Mas é claro que estamos tratando de amor, de alguém que se ama. Toda dor precisa ser oferecida para um chamamento sagrado, uma vida que pertence, não a nós mesmos, mas a Deus.

Devemos lembrar que a morte se inicia logo após o nosso nascimento e, por isso, seria mais sensato harmonizar-se com ela e convidá-la para ficar mais perto de nós, como um mestre, que nos faz enxergar que a vida não pode ser desperdiçada e que é preciso muito pouco para ser feliz.

Se alguém querido morreu, não sufoque as lágrimas ou abafe o luto. Aceite a partida. A duração do luto dura em média dois meses para que a pessoa possa voltar a resgatar o seu dia a dia. De maneira geral, leva-se dois anos para elaborar a perda. Existem processos anormais em que uma pessoa não sai do luto ou nem entra nele, ficando indiferente.

É uma honra se encontrar com a morte depois de uma existência plena. Expulsá-la do nosso cotidiano seria não só a maior das injustiças como também impossível, pois a morte é a melhor das professoras nesta universidade chamada vida.

Santo Agostinho diz: "A morte não é nada. Apenas passei ao outro mundo. Eu sou eu. Tu és tu. O que fomos um para o outro ainda o somos. Dá-me o nome que sempre me deste. Fala-me como sempre me falaste. Não mudes o tom a um triste ou solene. Continua rindo com aquilo que nos fazia rir juntos. Reza, sorri, pensa em mim, reza comigo. Que o meu nome se pronuncie em casa como sempre se pronunciou. Sem nenhuma ênfase, sem rosto de sombra. A vida continua sendo o que era. O cordão da união não se quebrou. Por que eu estaria fora de teus pensamentos, apenas porque estou fora de tua vista? Não estou longe, somente estou do outro lado do caminho. Já verás, tudo está bem... Redescobrirás meu coração. E nele redescobrirás a ternura mais pura. Seca tuas lágrimas e, se me amas, não chores mais."

Pranteie seus mortos, mas não se demore. Nossos antepassados merecem nossa reverência, não nossa dor.

Viva os estágios do luto, mas lembre-se: não há regras, cada um sabe de sua dor, e só a própria pessoa sabe quando é hora de seguir em frente.

Homenageie seus entes queridos. Seja grato pelo tempo que desfrutaram juntos. Sinta saudade, transforme o luto numa compreensão maior, que é quando a falta encontra a paz.

Anjo: Manakel – As pessoas sob influência desse anjo não temem o desconhecido e acham que "só tem medo de morrer, quem não está sabendo viver". Sempre vigilantes, conseguem desenvolver um forte poder de captação (inconsciente) e de observação (consciente) e aplicam isso em todas as situações. Sempre traçam planos otimistas e lógicos, não medindo esforços para realizá-los com muito sucesso.

Elemento: Água – Elemento das emoções e da purificação, a Água é confortadora, cíclica e deve ser considerada em casos de perdas irreparáveis. Sinta as lágrimas banhando seu rosto e levando a dor da perda embora. Chore os seus mortos.

Salmo: 48:7-10 – O enigma da prosperidade das pessoas que agem de forma contrária. O perverso é o vencedor nesta dimensão, mas o mendigo é de outros mundos. Salmo que auxilia no fim de uma crise interna e favorece uma imediata resolução. Dá discernimento para não haver ideologia exagerada, sacrifício involuntário e nem despojamento excessivo. Confere força de vontade e protege do abandono e das perdas.

*Ninguém consegue se salvar da morte
sem dar a Deus o preço do resgate terreno.
Custa muito caro sua vida.
Será impossível viver na eternidade
e não conhecer a morte?
Vejam que até os sábios morrem,
assim como o tolo e o insensato deixam
suas riquezas a estranhos.*

Apêndices

Apêndice A

Anjos

A palavra *anjo* vem do latim *angelus* (*mal'Ak*, em hebraico) e significa "mensageiro, enviado". Na Bíblia, o anjo é geralmente descrito como "anjo do Senhor"; um ser com forças "sobre-humanas". A menção mais antiga sobre anjos ocorreu em Ur, antiga cidade do Oriente Médio.

Anjos são servos e mensageiros de Deus, eles agem em nome e por ordem divina, têm as suas próprias virtudes e direitos, levam as orações dos homens ao divino, os defendem contra perigos eminentes e são intercessores (também na hora da morte). Todos nós temos um anjo guardião. O dia 2 de outubro é a data em que se comemora seu dia.

"Não crer nos anjos é não acreditar na Bíblia", explicam os religiosos. Eles são considerados reais, estão presentes em várias religiões e podem se manifestar aos homens por meio de seus pensamentos e de suas ideias, já que são seres inteligentes, porém, não podemos vê-los. Acredita-se que os anjos podem influenciar a mente humana da mesma maneira que um ser humano pode fazê-lo com outro.

Os anjos são perfeitos e foram criados por Deus no mesmo momento em que criou os pássaros. Eles não são humanos, foram criados antes de Deus criar os homens. Porém, as boas ações dos homens podem ter um "toque dos anjos".

Figuras angelicais foram retratadas na arte cristã a partir do ano de 312 d.C., introduzidos pelo imperador romano Constantino (272-337). São Tomás de Aquino (1225-1274) foi um profundo estudioso do assunto e explicou que os anjos têm corpos formados de um tecido da chamada luz astral e que se comunicam com os homens, mas nos dias atuais poucos conseguem perceber isso. Anjos não necessitam se alimentar nem precisam descansar; anjos não dormem.

Como extensão de Deus, seria impossível vê-los, porque seria o mesmo que dizer que se está vendo Deus. O anjo guardião pode se apresentar aos humanos em sonhos.

A auréola que circunda a cabeça dos anjos é de origem oriental. Nimbo, do latim *nimbus,* é o nome dado ao disco ou a aura parcial que emana da cabeça dos seres celestes, ou seja, é o reflexo da glória celeste.

Suas asas foram retratadas no primeiro século do cristianismo e representam a rapidez com que os anjos se locomovem, especialmente para ajudar os seres humanos.

A vontade dos anjos e sua inteligência (pois são considerados extensões de Deus), lhes conferem poder (II Ped. 2:11) maior que o dos seres humanos. Mas, mesmo com poder, estão sujeitos a Deus. Segundo Santo Agostinho (354-430), "Deus comanda os anjos e os anjos têm poder para ajudar os seres humanos".

Angelologia

A angelologia é o tratado acerca dos anjos ou da crença na intervenção dos seres celestes. Está baseada na ideia de que Deus está presente em tudo e em todos, principalmente nas coisas mais simples da vida. O anjo representa a energia e a pureza do conhecimento de Deus.

Os seres alados são citados na Bíblia mais de 250 vezes, porém não existe uma reflexão explícita sobre a origem dos anjos no Antigo ou no Novo Testamento. Os anjos se identificam com Deus, sendo sua própria manifestação. Também aparecem como *angelus interpres,* uma espécie de insight em que os mortais receberiam revelações que mudariam totalmente suas vidas. Ao anjo adversário é dado o nome de Satanás, o acusador.

No Novo Testamento, os anjos apareceram nos momentos marcantes da vida de Jesus: nascimento, pregações, martírio e ressurreição. Não faltam exemplos bíblicos para o poder dos seres angélicos. Em um deles,

Paulo afirmou que "o poder dos anjos está a serviço de Jesus Cristo na sua vinda" (II Tess. 1:7); "um anjo conseguiu remover a pedra em frente ao sepulcro de Jesus" (Mat. 28:2). Na ocasião em que Jesus foi batizado, dos céus um coro de anjos saúda-O dizendo: "És o Filho amado do Senhor. Em ti, Jesus, encontramos alegria". Paulo (5 d.C. – 67 d.C.) se mostrou um grande conhecedor das funções dos anjos e pediu aos fiéis para que não se deixassem desencaminhar por qualquer tipo de idolatria para não diminuir Cristo. No Apocalipse, a palavra anjo é encontrada 72 vezes.

Foi depois do cativeiro que a fé nos anjos se ampliou. No judaísmo, os seres alados também foram atuantes. Não podemos esquecer que Jacó recebeu um novo nome – Israel –, após sua luta com um anjo. O povo era protegido por anjos, e Miguel foi identificado como o protetor de Israel. Nas passagens bíblicas como a do patriarca Abraão, a de Agar, a de Moisés e a de Tobias, entre outras, os seres alados estão presentes. E basta perguntar a um rabi quem criou a cabala e ele não hesitará em responder que foram os anjos.

No islamismo consta que "*Iqra! Iqra!* Recita, recita! Em nome do Senhor teu Deus que criou..." (versos 1-5 do capítulo-Sura 96), foi o primeiro verso que o Profeta Maomé (Muhammad Ibn Abdallah) recebeu do anjo Gabriel em 610 d. C., no local conhecido como Jabal Al-Nur (Meca). O bem-amado profeta Maomé contava com 40 anos quando foi abruptamente acordado pelo ser alado, que ordenou para que recitasse, mas ele se negou. O anjo Gabriel então o abraçou com força e fez com que soltasse todo o ar dos seus pulmões: "*Iqra! Iqra!*". Ordenou-lhe e ele obedeceu. Nasceu, então, o Alcorão. Segundo as estimativas, um quarto da população mundial segue esse Livro Sagrado.

Hierarquias angélicas

Tradicionalmente, a hierarquia angelical está dividida em três Esferas, ou Tríades, totalizando nove Coros celestes.

Na primeira esfera estão os "Conselheiros celestes". É a tríade composta pelos anjos mais próximos de Deus.

- Serafins: personificam a caridade divina.
- Querubins: refletem a sabedoria divina.
- Tronos: proclamam a grandeza divina.

Na segunda esfera, encontram-se os "Governadores celestes". É a tríade dos príncipes da corte celestial.

- Dominações: detêm o governo geral do Universo.
- Potências: protegem as leis do mundo físico e moral, além dos animais.
- Virtudes: promovem prodígios.

Na terceira esfera, estão os "Mensageiros celestes". É a tríade composta pelos anjos ministrantes, aqueles que estão mais perto dos homens e das coisas materiais.

- Principados: são responsáveis pelos reinos, estados e países.
- Arcanjos: são responsáveis pela transmissão de mensagens importantes.
- Anjos: cuidam da segurança dos indivíduos.

Todas as pessoas têm um anjo encarregado de ajudá-la na sua vida. O estudo dos anjos cabalísticos é proveniente dos séculos 5 e 6 e sofreu forte influência da cabala espanhola no século 13.

Popularmente falando, os três anjos que apresento a seguir são os mais conhecidos e solicitados, mas a cabala nos traz 72 anjos que, de forma direta ou indiretamente, estão presentes no nosso dia a dia[1].

Anjo Gabriel

A terminação "El" do seu nome significa Deus, em hebraico. Gabriel deriva de *Gibor*, que significa herói. Dessa palavra deriva *Gebher*, que significa humanidade. Portanto, a palavra Gabriel expressa a ideia de "herói da humanidade" ou "humanidade de Deus". Pedimos ao anjo Gabriel o auxílio para as mulheres que desejam ter filhos e obter uma graça mais rapidamente.

---

1. Para conhecer o seu anjo cabalístico e o salmo de proteção correspondente, consulte o livro *Anjos Cabalísticos* da autora.

Arcanjo Miguel

Mikael ou Miguel significa "aquele que é similar a Deus", ou "Quem é como Deus?". Miguel é invocado para pedidos de coragem, defesa e proteção divina. Quando se ora para o Arcanjo Miguel, pede-se a queima de tudo que é passageiro e a permissão para o que é seguro e eterno.

Anjo Rafael

Rafael, em hebraico, significa "Deus cura". Anjo representado nas pinturas segurando um bastão, é o fiel conservador dos segredos do Templo e o intermediário do casamento legítimo. Revelou-se assim para Tobias: "Sou um dos sete anjos que se apresentam a Deus nas orações dos justos e que estão constantemente diante da Sua presença".

Como se relacionar com o seu anjo

As leis cósmicas desempenham papel importante na vida de todas as pessoas e, acredita-se, que muitas coincidências que seriam apenas ocorrências casuais poderiam representar a atuação dos anjos ou o dedo de Deus para nos mostrar o caminho diante de um período de incertezas.

É natural que, em um período de dificuldades, a mente projete uma "saída" para obter respostas que surgem de forma repentina. Eis a ação do mundo dos anjos. As pessoas, os encontros, as coincidências aparecem e desaparecem, tudo muito adequado para o aprendizado das lições necessárias e de nos religar com o divino e para adquirir respostas e ter a certeza de que nada acontece por acaso.

A melhor maneira de conversar com seu anjo da guarda é sendo criativo. Não "mendigue" para ele. Converse sem pressionar ou cobrar resultados. Existem muitas formas de pedir proteção: por meio de orações, por atitudes positivas frente aos obstáculos ou por rituais relacionados à cabala.

Veja a seguir algumas sugestões que podem aproximar você do seu ser angelical:

Altar dos anjos

Algumas pessoas têm em suas casas um altar e, diante dele, fazem suas orações para receber as bênçãos. O altar reproduz em miniatura o conjunto do Templo do Universo, um lugar onde o sagrado se reproduz da maneira mais intensa possível.

No altar pode ter:

- Uma Bíblia (que poderá ser aberta cada dia em um salmo).
- Um copo com água (que será energizada com a oração da bênção).
- Um pouco de sal sobre um pratinho (além de espantar as energias negativas, o sal representa a vida).
- Uma imagem de um anjo (ou santo de sua devoção).
- Uma cruz (símbolo cristão).
- Uma pequena adaga (quase uma miniatura, que representa a espada do Acanjo Miguel que defenderá espiritualmente seu lar).

Talismã dos anjos

Fazer um talismã pode ajudar em sua proteção. Escreva em um pedaço de papel os versículos 10 e 11 do Salmo 90 (91)[2] considerado o mais poderoso da Bíblia:

Nada poderá me atingir.
Em minha casa não haverá doenças nem desavenças.
Pois o Senhor deu ordens aos anjos para que guarde
Seu filho por onde quer que ele caminhe.

Dobre a oração que o abençoa e coloque dentro de um saquinho de cor vermelha (essa cor protege contra a inveja e o mau-olhado). Para sua proteção, procure manter esse talismã sempre próximo ao seu corpo. Se desejar, faça o talismã angelical para seus amigos e familiares.

---

2. No livro *Salmos – Interpretado por Monica Buonfiglio*, publicado pela Editora Alfabeto, o salmo "Deus, protetor dos justos" é o 90, segundo a tradução da Bíblia hebraica. Em outras Bíblias, portanto, esse salmo é o 91. Neste livro usamos o modo hebraico como referência.

Nomes angélicos na porta de entrada

Escreva (utilizando um lápis), no batente superior interno da porta principal do seu lar, o nome cabalístico do seu anjo protetor e o nome de todas as pessoas que moram na casa[3]. Além de abençoar sua casa, e as pessoas que moram nela, estará projetando mentalmente a força angelical, que nada mais é que um intermediário entre o mundo criador e as forças criadoras.

Os nomes devem ser escritos um ao lado do outro, começando pelo nome da pessoa mais velha, e assim por diante. Depois, (imagine, mentalize) um anjo (ou o Arcanjo Miguel) guardando a porta de entrada. Em seguida, leia o Salmo 90.

Oração ao anjo da guarda

Não existe uma maneira correta de orar, o importante é que a oração seja feita com fé. Os estudiosos afirmam que o Pai-Nosso é uma das mais poderosas orações, pois se conserva original, ou seja, é a mesma desde que foi criada, sem nenhuma modificação importante ou substancial.

Reze um Pai-Nosso e faça esta oração, que é ensinada a gerações por muitas famílias, para que as crianças aprendam a pedir a proteção e a bênção angelical. Você também poderá fazê-la livremente antes de dormir e depois de acordar:

*Santo Anjo do Senhor, meu zeloso guardador, se a ti me confiou
a piedade divina, sempre me rege, guarda, governa e ilumina.
Agora e sempre, Amém.*

Defumação angelical

Essa defumação nada mais é que a ritualização de incensar um ambiente para abençoar e afastar toda e qualquer presença de espíritos contrários aos anjos.

Coloque no copo do liquidificador duas xícaras de açúcar e duas xícaras de cravo-da-índia; com isso, obterá um pó. Coloque em um

---

3. Para obter mais informações, leia o livro *A Magia dos Anjos Cabalísticos*, capítulo "Assinatura dos Anjos".

incensário (ou em uma panela), pedaços de carvão (para obter as brasas) e despeje, aos poucos, o pó (mistura do açúcar e dos cravos).

Inicie a defumação na parte de trás da sua casa e faça a oração em voz alta. Toda vez que acabar a ação do incenso, despeje o pó novamente sobre as brasas. Inicie a oração de onde parou. Quando terminar, deixe o incensário na porta da frente até que as sobras de carvão esfriem. Depois, despeje as cinzas na terra (gramado) ou em água corrente (não na pia nem no vaso sanitário). Caso encontre dificuldade para fazer a defumação, use varetas de incenso de cravo e canela.

As velas e os anjos

Algumas pessoas acendem velas como forma de ligação entre os seres humanos e os anjos. Velas podem ser acesas em casa, sem o risco de atrair espíritos inferiores (lembre-se de que está contatando uma energia superior). A chama da vela representa o elemento Fogo, ou seja, a atividade do pedido. Cada cor tem um significado:

- **Vela branca**: representa a pureza e a sinceridade. É utilizada para obter paz de espírito, harmonia e equilíbrio no lar.
- **Vela azul**: simboliza a limpeza e a transparência de comportamento. Deve ser usada quando o pedido estiver relacionado aos negócios ou ao trabalho.
- **Vela amarela**: favorece as mudanças (de casa, por exemplo) e beneficia o estudo.
- **Vela rosa**: deve ser usada em assuntos amorosos (favorece o encontro das almas gêmeas) ou para fortificar relacionamentos filiais.
- **Vela verde**: deve ser acesa quando o pedido estiver associado à saúde.
- **Vela lilás**: utilizada quando o pedido estiver relacionado à espiritualidade ou para transformar sentimentos negativos (como mágoas) em amor.
- **Vela vermelha**: pode ser usada quando o pedido precisa ser solucionado com urgência.

Correio angelical

Comece a carta dirigindo os pedidos ao seu anjo guardião. Escreva dez pedidos como se fosse um diário: o que deseja, seus planos, entre outros. Não se importe com as rasuras.

Use sempre os agradecimentos no tempo presente. Não escreva as palavras no tempo futuro e evite palavras como: "não", "jamais", "dívida" ou "sonho". No final da "carta mágica", use a frase: "Bendito é o meu desejo, porque ele é realizado para o bem de todos os envolvidos". Termine com a palavra "amém".

Depois de pronta, coloque a carta em um envelope endereçado ao seu anjo (em letra maiúscula e de forma), dentro da Bíblia, na página correspondente ao Salmo 90 (se for Bíblia hebraica, 91 nas demais Bíblias). Deixe a carta ali durante sete dias e depois a queime (na chama de uma vela branca, oferecida ao seu anjo da guarda), para que seu pedido seja ativado. Espere a resposta que poderá acontecer de várias maneiras. Faça a prova: tire uma cópia da carta e guarde dentro de um livro. Depois de um ano, leia a carta e verá que seus pedidos foram alcançados, ou que, aqueles que não foram, nem importância têm mais, pois não era para ser. Os anjos fazem aquilo que pedimos, por isso temos de ter cuidado com o que desejamos, mas, muitas vezes, eles percebem que aquilo que foi pedido não estava em nosso íntimo, nesses casos eles esperam que o pedido seja reafirmado. Seja assertivo e determinado em seus pedidos, lembrando-se sempre de se questionar se aquele desejo é também para um bem maior e que não vá prejudicar ninguém.

A bênção dos anjos

Anjos são seres benevolentes. Muitos se questionam se são merecedores ou se receberão a graça pedida. Ao fazer um pedido a Deus ou ao ser alado, é importante que esse pedido esteja de acordo com o merecimento e em pleno conhecimento do bem e da verdade do que se pede. Dessa maneira, a bênção vai se confirmar com a graça de Deus.

A crença no poder angélico está associada com a ideia de que nenhum anjo (e eles são numerosos, uma legião) pode resistir a um pedido de socorro. Para os tratados angélicos, não existe ser humano que não mereça ajuda, ou canto algum no mundo onde não se faça chegar à providência divina. Deus decide e envia seu anjo para aplicar a bênção. Portanto, faça seu pedido e não se esqueça de dizer em seguida: "Bendito é o meu desejo, porque ele *é* realizado, amém".

A bênção tem a função de operar o bem, cuja finalidade é quebrar o efeito da maldição. É considerada como a manifestação do poder da divindade (Gên. 12:3). Jesus abençoava as crianças (Mc. 10:16), seus discípulos (Lc. 24:50) e os alimentos (especialmente o pão).

Toda a bênção vem de Deus (Gên. 49:25), abençoar significa reconhecer e glorificar o poder de Deus, seu domínio, sua sublimidade e sua santidade. No judaísmo, a fórmula: "Bendito seja Deus" está presente nas orações cotidianas.

No Ocidente costumamos dizer "Deus te abençoe", ao ouvir essas simples palavras proféticas, deve-se dizer "amém" (que significa afirmar a bênção). Pode ser feita também a recíproca da bênção. Isso é tão comum para os judeus que, ao se cumprimentarem, desejam um para o outro a bênção de Deus, de sorte que, abençoar tem praticamente o mesmo significado de cumprimentar (Gên. 47:7).

Veja alguns tipos de bênçãos para serem usadas no seu dia a dia.

A BÊNÇÃO DOS ANJOS NA SUA CASA

A bênção é tão poderosa que é considerada efetiva e irrevogável. Ela é estendida a todas as pessoas e a todos os bens do abençoado (Dt. 28:3-6). Por isso, torna-se uma fonte de bênçãos para outros (Gên. 12:3).

Com a mão direita[4], una o polegar levemente com o dedo anular; o dedo indicador deve estar ereto e o médio um pouco curvado. O mínimo estará levantado. Faça o sinal da cruz e, para abençoar os cantos de cada cômodo da sua casa diga:

*Cada casa tem um canto, cada canto tem um anjo,
em nome do Pai, do Filho e do Espírito Santo, Amém.*

---
4. Se você é canhoto, use a mão esquerda.

Entre uma parede e outra, faça uma oração. Assim conseguirá depurar o ambiente, retirando todos os miasmas negativos.

Pais e mães, abençoem seus filhos!

Conforme ensina a Bíblia, a bênção pode ser uma espécie de força passada de pai para filho (Gên. 28:3) por ser um poder concreto e subsistente (Dt. 28:8). Tem uma passagem na Bíblia que diz:

"Disse o anjo: – *Deixa-me ir, porque já vem rompendo o dia*. Jacó, porém, respondeu: – *Não te deixarei ir, se não me abençoares*. E o anjo, o abençoou: – *O seu nome não será mais Jacó, porém, Israel*. Nascia o Sol quando, por causa da luta com o anjo, Jacó coxeava de uma perna. Por isso, os filhos de Israel não comem, até os dias de hoje, o nervo do quadril de qualquer animal."

Imposição das mãos

A bênção pode ser transmitida pela imposição das mãos e é conhecida desde o início dos séculos. Além de ser um ato de purificação, confere dons superiores: "Estenda a mão para que Ele faça curas, sinais e prodígios, pelo Nome de teu santo servidor Jesus" (Atos 4:30).

A Bíblia mostra de maneira clara que os apóstolos e seus sucessores empregavam a imposição das mãos como prática ministerial. No Antigo Testamento, a imposição de mãos era realizada geralmente na consagração de pessoas ou de objetos, e também nos sacrifícios expiatórios.

O Reiki, o Johrei e o Passe espírita são algumas técnicas de transferência de energia para restabelecer a força e o equilíbrio dos nossos corpos sutis.

Como abençoar em nome de Deus e dos anjos

A bênção ocorre por meio da palavra (Gên. 27:28). Por isso, abençoe sua vida, sua família, seus objetos, seus alimentos e seus animais. O Senhor assim falou: "Que o Senhor te abençoe e te proteja. Que o Senhor faça resplandecer a Sua Face sobre ti e te seja benevolente. Que o Senhor dirija o Seu olhar para ti e te conceda a paz. Assim Eu os abençoarei e derramarei a minha bênção sobre todo aquele que me chamar e resplandecerei sobre eles, concedendo-lhes a paz. E serei benevolente com eles. Assim acontecerá com eles. Todo aquele que deseja beber, venha a Mim e Eu Mesmo o abençoarei!".

A BÊNÇÃO DOS ANJOS POR MEIO DE UM PRESENTE

A Bíblia explica que a bênção ocorre pela imposição das mãos, pela palavra ou por um presente (Gên. 33:10-11). Portanto, ao receber um presente, agradeça e abençoe. Devolver ou não aceitar um presente indicaria o contrário da bênção.

A escola dos anjos e os vinte minutos de poder (*crônica*)

Uma lenda hebraica conta que, há muito tempo, no Céu, existia uma escola preparatória de anjos. Os aprendizes anjos passavam por um estágio que consistia em visitar a Terra em duplas, para fazer o bem. No final de cada dia apresentavam, ao anjo professor, um relatório das ações praticadas.

Certa ocasião, dois anjos estagiários, após procurarem por todos os cantos alguém que necessitasse de ajuda e não encontrando ninguém, resolveram regressar ao Céu, pois não haviam conseguido praticar nenhum salvamento. Mas eis que dois homens apareceram caminhando por uma trilha. Um dos anjos disse ao outro:

– Tive uma ideia! Que tal conceder a estes dois lavradores "vinte minutos de poder" para ver o que vai acontecer?

O outro respondeu:

– Você ficou maluco? O anjo professor não vai gostar nada disto!

O primeiro retrucou:

– Que nada, acho que nosso professor irá gostar! Depois contaremos a ele.

Tocaram com suas mãos invisíveis as cabeças dos lavradores e passaram a observá-los. Os dois homens se separaram e seguiram por caminhos diferentes. Depois de algum tempo caminhando, um deles avistou um bando de pássaros voando em direção à sua lavoura. Passando a mão na testa suada disse:

– Por favor, meus passarinhos, não comam a minha plantação! Preciso que essa lavoura cresça e produza, pois é dela que tiro o meu sustento.

Naquele momento, para seu espanto, a lavoura cresceu em questão de segundos, pronta para ser colhida. Assustado, o homem esfregou os olhos e pensou: "Devo estar cansado". Acelerando o passo, acabou tropeçando sobre um porco que havia fugido do chiqueiro. Mais uma vez esfregou a testa e disse:

– Meu porquinho! Você fugiu de novo! A culpa é minha, ainda vou construir um chiqueiro decente para você.

Novamente, algo mágico ocorreu: o chiqueiro se transformou em um local limpo e acolhedor. Ele esfregou os olhos novamente, apressou mais seus passos e pensou: "Estou muito cansado!" Ao chegar em casa, abriu a porta, mas a tranca que estava pendurada caiu sobre sua cabeça. Então tirou o chapéu, passou a mão no galo que se formou na cabeça e disse:

– De novo? O pior é que não aprendo! Também, não tem sobrado tempo. Mas hei de ter dinheiro para construir uma grande casa e dar um pouco mais de conforto para minha mulher.

Naquele instante, a humilde casinha se transformou em uma mansão. Sem entender o que estava acontecendo, certo de que tudo não passava de um sonho, ele se jogou numa enorme poltrona que estava à sua frente e dormiu profundamente. Alguns minutos depois, ouviu alguém pedindo socorro:

– Compadre! Ajude-me! Estou perdido!

Ainda sonolento, levantou-se rapidamente. Tinha em sua mente imagens de um sonho fantástico. Quando abriu a porta, encontrou o amigo lavrador em prantos. Perguntou o que havia acontecido e ouviu a seguinte história:

– Compadre, nós nos despedimos no caminho e eu segui para minha casa. Aconteceu que, poucos passos adiante, vi um bando de pássaros voando em direção à minha lavoura. Isso me deixou revoltado e gritei: "Vocês de novo atacando minha lavoura! Tomara que seque tudo e vocês morram de fome!" Naquele momento, a lavoura secou e todos os pássaros morreram diante dos meus olhos!

O amigo tentou confortá-lo, dizendo que tivera o mesmo sonho, mas o outro continuou:

– Eu achei que estava cansado e apressei o passo. Andei mais um pouco e tropecei no meu porco que havia fugido do chiqueiro. Fiquei muito bravo e gritei mais uma vez: – Você fugiu de novo? Por que não morre logo e deixa de me dar trabalho?

O outro com os olhos arregalados exclamou:

– E aí? O que aconteceu, Deus do Céu?

– Compadre, não é que o porco morreu ali mesmo, na minha frente? Eu acreditei que estava vendo coisas e andei mais rápido. Quando ia entrar em casa, a tranca da porta caiu na minha cabeça. Como já estava com raiva, gritei novamente: "Esta casa está caindo aos pedaços, por que não pega fogo logo e acaba com isto de uma vez?"

O outro tentou interrompê-lo, mas o amigo continuou:

– Minha casa pegou fogo! Foi tudo foi tão rápido, que eu não consegui salvar nada!

Ele começou a chorar e, sendo amparado pelo amigo que o ouvia, observou que a casa estava diferente e perguntou:

– De onde veio esta mansão?

Depois de observarem, os dois anjos voaram para a escola e contaram ao anjo professor o que havia acontecido. Na verdade, estavam apreensivos pelo resultado negativo do segundo lavrador.

Ouvindo com muita atenção, o mestre parabenizou os dois pela ideia brilhante que tiveram e resolveu então decretar que, a partir daquele dia, todo ser humano teria "vinte minutos de poder" no decorrer do dia ou da noite, mas ninguém saberia quando esse tempo estaria acontecendo. E agora? Os próximos "vinte minutos de poder" serão seus, o que você fará com eles?

Apêndice B

O ser como fonte de energia

A energia é fluídica, repleta de propriedades magnéticas que atraem ou repelem e pode ser entendida como um processo sutil resultante da transformação da força interior que nasce no coração. É a maneira como você exerce sua força, por meio de um sistema que pode ser transformado.

Platão entendia que a energia era a alma do mundo. Os hindus a veem como a divindade do éter, etérica, que invade e permeia a tudo e a todos. São vários os tipos de energia com a qual convivemos. Veja alguns exemplos:

A ENERGIA DIVINA é original e anterior a tudo, é a fonte que está contida no Universo, é a completude, o divino, o todo; nada existe sem ela e tudo está contido nela, que a tudo origina, vivifica e sustenta.

A ENERGIA SUTIL é poderosa; é sustentadora; é o que sempre existiu e jamais deixará de existir; é a geradora incessante de novos mundos.

A ENERGIA VITAL é a parte energética de nosso organismo. Religiões e culturas por todo mundo a reconhece como responsável pela existência do ser. Para o hinduísmo, dentro de nosso corpo existe uma enorme reserva de força latente esperando ser despertada, chamada *Kundalini*, a energia da vida. Mesmo sem saber de sua existência, povos antigos já praticavam a cura física e espiritual pela energia vital, com técnicas como a energização corporal, imposições das mãos, dentre outras.

O homem, portanto, é dotado dessas energias. É a partir de seus pensamentos, sentimentos e ações que a humanidade consegue se relacionar. Veja a seguir alguns casos que comprovam que a energia age diretamente no nosso dia a dia:

Os relacionamentos e a energia

Todo relacionamento acontece por meio da atração energética que dois seres podem desenvolver. Experimente ter o hábito de gostar de alguém antes de antipatizar com ele, isso por si só já é uma troca de energias positivas. Arthur Powell escreveu: "Se a vontade é o rei, o pensamento é o primeiro-ministro". Para formar nosso caráter (invólucro da alma) e personalidade, temos que disciplinar nossos pensamentos.

Transforme sua energia. Veja os pontos positivos (nunca os negativos) das pessoas. Assim, a energia necessária para uma transformação será gerada pelas vibrações de amor, tolerância, compreensão, paciência e harmonia. Desde que exista, é claro, vontade de querer atingir esses objetivos.

É maravilhoso quando se pode vivenciar o amor romântico, porém nem sempre é possível. Devemos entender que o mais importante é o amor-próprio, ou seja, amar verdadeiramente a si mesmo com um profundo apreço por aquilo que se é. Infelizmente, muitos se sentem mal enquanto não atingem objetivos como "perder peso", "entrar na faculdade", "ter um excelente emprego" ou "ganhar muito dinheiro". Só é possível manter uma relação saudável com os outros quando temos conosco uma relação igualmente saudável e afetuosa.

O namoro, o casamento, para ser autêntico, deve começar sobre uma sólida base espiritual, ou seja, "ser de coração", pois o coração é o cálice do amor.

Uma técnica boa para atrair energeticamente um(a) parceiro(a) para sua vida consiste em sentar-se à noite em uma poltrona, fechar os olhos e relaxar o corpo. Fique tranquilo e receptivo para mentalizar: "Estou atraindo agora para minha vida uma pessoa honesta, sincera, leal, fiel, de índole pacífica, feliz e próspera. Essas qualidades que admiro estão mergulhando agora em minha mente subconsciente. Enquanto penso nessas características, elas se tornam parte de mim e são assimiladas. Sei que posso contribuir para a paz e a felicidade desse indivíduo que amará meus ideais, e eu amarei os dele. Ele não quer me mudar nem eu quero mudá-lo. Há amor mútuo, liberdade e respeito entre nós".

Quando sentir que sua energia está baixa, e que não consegue se relacionar positivamente para encontrar um relacionamento satisfatório, faça o seguinte exercício para expandir sua energia, afastando qualquer sentimento dissonante para encontrar seu par perfeito:

- Inspire e expire três vezes, feche os olhos, imagine (na realidade é uma projeção) que está sendo abraçado e muito amado.
- Esfregue as mãos (como se estivesse muito frio) até que sinta um leve formigamento (ou seja, toda sua energia fica concentrada nas mãos). Abra suas mãos lentamente, colocando-as sobre o peito, em forma de cruz (a mão esquerda sobre o lado direito e a mão direita sobre o lado esquerdo). Você estará, assim, cruzando as mãos sobre o chacra cardíaco. O ato de cruzar os braços dessa forma representa que isso é seu de direito e que ninguém pode perturbar a paz de espírito que sente agora.
- Mentalize três pedidos relacionados a pessoa que você idealiza ter ao seu lado, sempre utilizando a expressão "obrigado por _____" no tempo presente.
- Depois de mentalizar os três pedidos, imagine-se com o amor da sua vida e fale a palavra *momentum*, que tem o poder de sustentar o que disse no plano etéreo e realizá-lo.
- Faça esse exercício sempre que possível. Você sentirá de perto seus benefícios.

COMO AFASTAR PESSOAS ENERGETICAMENTE TÓXICAS DA SUA VIDA

Não tem jeito. Uma hora ou outra uma pessoa tóxica entrará na sua vida com o propósito de fazer um estrago. Mas como afastar esse tipo de pessoa sem que ela se sinta ofendida, como diferenciá-la justamente daquela que se apresenta como amiga?

Ron Hubbard (1911-1986), escritor e fundador da cientologia, explica: "Existe um mecanismo destrutivo por trás dessa situação; você poderá impedi-lo; assim conseguirá retirá-lo da sua vida". A pessoa tóxica vive um momento perturbador e não deseja o sucesso para quem ela ataca, por isso se faz necessário o seu afastamento. Ela emite, conscientemente ou não, energia negativa.

Existem algumas características bem definidas e de fácil observação para se identificar uma pessoa tóxica:

- Ela dá prioridade principalmente às más notícias e a críticas hostis, e sempre envia mensagens com conteúdo pessimista.
- Menospreza sua personalidade e suas atividades.
- Usa com frequência expressões como: "Todo mundo diz que você...", "Todos já sabem que...", "Eles estão dizendo...". Mas na verdade, ela fabricou uma história para que você seja atingido e para que acredite que é a opinião de todos.
- A pessoa é constantemente chamada de fofoqueiro.
- Tem o costume natural de desferir sempre comentários desfavoráveis para qualquer situação.
- Tudo o que começa a fazer não termina, colocando sempre a culpa em alguém por isso.
- Não sente remorso.
- Não assume responsabilidade por seus atos.
- Está sempre fazendo pouco do outro.
- Vive de aparências.
- A simples presença de uma pessoa tóxica costuma induzir o outro ao erro ou a agir de modo estúpido.
- Pessoas tóxicas ficam de mau humor quando precisam ajudar ou dar atenção a alguém.

Ao identificar uma pessoa tóxica, o melhor é afastá-la da sua convivência e aprender a dizer não. Por que ficar falando "sim" a todos? Pare com isso. Se a pessoa tóxica fica magoada com sua atitude, significa que é uma manipuladora e ela fará tudo para que isso se reverta em sentimento de culpa.

"Mas, se eu afastar os amigos (chatos, intrometidos e tóxicos) da minha vida, ficarei sozinho". Pois fique. Reserve-se o direito de falar com o intrometido o mínimo possível e coloque-o em seu lugar, faça isso sem ser indelicado ou ofensivo. Simplesmente afaste-se. Quando alguém avança o sinal, acaba por tocar na sua dignidade. Preserve-se. Eleve seu respeito para ser respeitado.

Sete dicas para afastar uma pessoa tóxica

- Tente se lembrar de quando começou a ficar irritado ou até doente, seja criterioso. Será que essa pessoa tem ligação com isso?
- Desconecte-a.
- Depois de identificar a situação, resolva, dialogue sobre o assunto.
- Utilize uma mensagem educada, ela pode servir de desconexão.
- Afaste-se e não tolere que interfiram em sua vida.
- Comunique-se com quem você gosta, é um direito seu.
- Se o problema for com um funcionário ou um prestador de serviço que não se corrige, demita-o, não permita que isso atrapalhe seus negócios.

Fazer o que foi recomendado não requer ações heroicas e não viola as leis do país. Reconhecendo a toxidade em alguém do seu convívio, seja um amigo, um familiar, ou até mesmo um simples conhecido, você terá uma melhora imediata, pois assim que ele for desconectado de sua vida, tudo será resolvido.

Doença, um distúrbio da energia na visão espiritualista

Em todos nós existe uma energia divina e sublime que se transforma em energia criativa e mantenedora. Uma força enaltecedora que, ao ser ativada, acaba provocando uma transformação benéfica em todos os sentidos. Porém, algumas doenças podem surgir pela necessidade de o "Eu Superior" se manifestar e, assim, alertar o indivíduo de que ele está conduzindo sua missão de maneira errada.

Espiritualmente falando, a doença é uma maneira de voltarmos ao rumo certo, para nos resgatarmos quando saímos da nossa trajetória. E pode, também, ser um caminho para desenvolvermos potenciais criativos tendo em vista que, sem dúvida, cada um de nós temos reservada a tarefa de evoluir. Por isso, a doença não deve ser vista como inimiga, pois todo problema tem uma solução. Se a pessoa não está bem, isso pode indicar que está tomando decisões erradas ou que está com a energia baixa.

Curar-se significa reconciliar-se com Deus. Por mais doloroso que seja, uma enfermidade não deve ser vista como um infortúnio, mas como uma dádiva. Jesus, o Salvador, não evitou o sofrimento, pelo contrário, Ele compreendeu a sua missão e, assim, transformou o mundo. Eu sei que isso é difícil, mas entenda, fazemos parte de um plano no Universo, se uma doença acomete uma pessoa, com certeza aquilo vai trazer a ela e aos seus familiares algum esclarecimento. Não confunda com punição. Deus não tem a intenção de punir, mas, sim, de amar.

Quando ficamos doentes, demoramos a entender que a doença é, de certo modo, uma "prova" para aprendermos a nos religar com Deus. Nessas ocasiões, invariavelmente usamos a palavra "sacrifício", depois de saber a maratona de exames e visitas periódicas ao médico. Sempre expliquei em minhas palestras que a doença faz parte de um processo evolutivo, é a vida acontecendo, é a energia se expandido. Portanto, não desista da cura e da vitória. Persista!

Para melhorar os sintomas dessas doenças, comece mudando o seu comportamento em relação àqueles com quem convive?

Algumas enfermidades estão relacionadas às dificuldades que a pessoa pode estar enfrentando e que, fatalmente, influenciara em sua energia nos seguintes órgãos:

- **Bexiga/rins**: é exatamente no chacra (ponto energético) suprarrenal que as mágoas se acumulam. Não é por acaso que, em uma situação de separação, os envolvidos apresentem alguma doença relacionada aos rins.

- **Boca**: a boca e os dentes representam a família. Se você é o esteio dela ou o responsável por tomar as decisões, é alguém propenso a ter problemas nessa parte do corpo.
- **Coluna**: quem tem problemas na coluna geralmente gosta de fazer tudo sozinho. Esse erro pode culminar com o sentimento de que ninguém "deu uma mãozinha". Esse reconhecimento que tanta almeja não vai vir, então, não pegue uma carga que não é sua.
- **Estômago**: esse tipo de enfermidade quase sempre se manifesta em uma pessoa que guarda para si as dificuldades. Na maioria das vezes é introvertida, mas demonstra "falsa" calma e tranquilidade.
- **Fígado**: a baixa energia nesse órgão aparece em alguém que costuma acumular a raiva dentro de si. Procure liberar esse sentimento e não guarde rancor de ninguém.
- **Laringe e garganta**: sintomas que geralmente atingem uma pessoa muito teimosa. É importante também liberar a sua criatividade. Fale, exponha suas ideias, mesmo correndo o risco de elas não serem aceitas.
- **Ossos**: dor nos ossos significa ser muito crítico com aqueles que o rodeiam: amigos, familiares, colegas de trabalho, etc. Não persista em algo muito complicado para não acumular mais problemas com os ossos de seu corpo.
- **Pâncreas**: é o órgão que produz a insulina (suco digestivo), ou seja, é agressivo e de natureza yang. A redução de insulina leva aos sintomas de diabetes. Simboliza a dificuldade em aceitar e entregar-se ao amor.
- **Pulmão**: quem faz tudo correndo e várias coisas ao mesmo tempo muitas vezes acaba por não terminar nenhuma de suas tarefas. Em alguns casos, pode indicar o sentimento de "troca", refletindo desde um simples resfriado a um problema de asma ou bronquite.
- **Seios**: os seios representam o símbolo máximo da mulher e, por extensão, a maternidade. Refletem a necessidade de ternura e de proteção. Problemas nos seios indicam uma pessoa extremamente protetora da família (especialmente dos filhos) e dos amigos.

Metafísica enérgica

Aristóteles, o primeiro filósofo a tratar sobre esse assunto de maneira sistemática, chamou a Metafísica de "filosofia primeira", considerando-a a base da reflexão filosófica. Metafísica é a física além da física, a ciência do ser enquanto ser, e foi assim denominada com a reunião da coleção e de tratados de Aristóteles por Andrônico de Rodes.

No sentido da religiosidade a Metafísica se propõe a esclarecer a questão sempre muito discutida da ideia do que seja Deus, buscando o maior esclarecimento lógico possível, dentro da reflexão filosófica que ampliou o sentido originalmente religioso.

Conhecer as causas primeiras, para chegar ao verdadeiro conhecimento; a relação desse objeto (matéria) sobre o sujeito; o motivo (de onde vem essa ideia/causa) e a finalidade (o motivo final de se fazer algo), são as causas básicas defendidas por Aristóteles que explicam a origem de todos os seres.

Dentre as muitas leis que a Metafísica defende, podemos destacar as seguintes.

- **Lei da Substituição**: o único meio de se livrar de um pensamento é substituí-lo por outro. Quando algo negativo vier a sua mente, não lute contra isso, pense em algo positivo, recusando-se firmemente a pensar na dificuldade.
- **Lei do Relaxamento**: em toda a atividade mental, o esforço derrota a si mesmo e qualquer tipo de pressão mental está destinado ao fracasso. Para sua mente voltar a ser criativa, retire-lhe a tensão por meio de um relaxamento consciente.
- **Lei da Atividade Subconsciente:** quando o subconsciente aceita uma ideia, ele começa a executá-la. Mesmo que pareça impossível, o subconsciente cria mecanismos para que aquilo aconteça.
- **Lei da Prática**: a prática traz a perfeição. Para se tornar proficiente em qualquer campo, é preciso praticar. Não existe êxito sem prática.

- **Lei dos Dois Fatores:** cada pensamento é feito de dois fatores: conhecimento e sentimento. Você precisa acreditar em ambos.
- **As coisas que remoemos crescem:** quanto mais pensarmos nas dificuldades, piores elas vão ficar. Quanto mais pensar nos aborrecimentos ou injustiças, mais provações continuará recebendo.
- **Lei do Perdão**: ressentimento, condenação, mágoa, raiva ou desejo de ver alguém punido são coisas que apodrecem a alma; portanto, perdoe!

Há também a energia que emana de nosso lar, que reflete diretamente à energia dos moradores. Nossa casa é o local em que devemos nos sentir em paz e seguros. Fique atento a padrões negativos repetitivos, mas lembre-se, muitas vezes somos nós que carregamos essa energia para onde quer que formos.

Casas que apresentam problemas hidráulicos, por exemplo, poderão ter pessoas com comportamento controlador. No caso de vazamentos é perda de dinheiro e de energias. Pessoas com pensamentos negativos repetitivos podem ser representadas com goteiras na casa. Já problemas na parte elétrica podem estar relacionado com o sistema nervoso dos moradores. Rachaduras significa rigidez. Problemas com telefones significa falta de comunicação pessoal. Relógio parado representa energia estagnada.

Melhore a energia da sua casa com plantas que detêm correntes de vento e energias nocivas. Insira espelhos voltados para onde você não quer que energia ruim venha, use quadros alegres, serenos, areje o ambiente, estude o Feng Shui e melhore o bem-estar seu e de sua família.

Apêndice C

Carma

Carma é um termo do sânscrito para designar "ação", "lei da causa e efeito" ou a "lei da causa ética". O carma não tem a função de castigar ou de recompensar, ele sugere que a reencarnação tem a finalidade de equilibrar as boas e as más ações cometidas em vidas regressas e, dessa maneira, fortalecer o espírito e elevar a alma. Os céticos rebatem a ideia do carma, explicando que, como não nos lembramos de nossa vida regressa, qualquer aprendizado seria nulo.

Ao longo de sucessivas encarnações, o homem forma uma coleção de imagens mentais, algumas nítidas, outras imprecisas. Ele retorna à sua vida atual com uma extrema vontade de servir a humanidade e de adquirir cada vez mais conhecimento nas áreas em que atua. É isso que forma o carma.

Causas imorais não podem ser eliminadas pelo Universo, até que sejam substituídas por boas ações para que a harmonia entre causa e efeito seja restabelecida. Isso significa que um carma não se extinguirá naturalmente, é você que tem que restabelecer a harmonia que outrora foi quebrada por suas ações.

A alma não cresce, amadurece ou envelhece; somos nós, seres vivos, que temos essa característica. A alma retorna ao corpo físico em diferentes níveis de evolução. Crê-se que a alma que vivenciou um número maior de encarnações teria se submetido a um aprendizado mais intenso.

O juízo livre ou a capacidade de escolha de cada pessoa está ligado ao carma, portanto, o carma está ligado ao livre-arbítrio. Depende de cada um de nós (e não dos outros), condicionar a vida à boa ação do carma.

O Ocidente vê o carma como castigo e o associou à insatisfação pessoal, a culpa e a punição cristã do inferno, mas não o vê como fatalidade.

Porém, a ideia de carma não é igual para todas as religiões ou para todas as filosofias. O termo carma ou *karma* é utilizado no budismo, no hinduísmo, no jainismo, na teosofia e no espiritismo e, dependendo do pensamento doutrinário, tem conceitos diferentes que se distanciam do termo original.

Na Índia, o carma está associado ao sistema de castas, que é endógamo, ou seja, cada integrante deve se casar com alguém de seu grupo.

Para a Teosofia, o carma está associado à moralidade (ética, caráter e personalidade) de toda pessoa, e é subdividido em três categorias: CARMA ACUMULADO OU LATENTE, que é constituído por várias causas que se acumulam no decorrer da vida. O resultado desse carma ocorre posteriormente nas vidas (pacíficas ou não) dos filhos e dos netos; CARMA ATIVO OU COMEÇADO, que é o efeito que se manifesta nas circunstâncias que nos cercam, mediante nossos atos diários e CARMA NOVO, que é engendrado por nossas atividades diversas, especialmente na maneira como tratamos o próximo, e associado à moral e à ética pessoal.

Helena Blavatsky, no livro *Glossário Teosófico* explica que o carma é o poder que governa todas as coisas, resultante de uma ação moral. Por isso, há o carma do mérito, do demérito, o individual, o coletivo, o positivo ou negativo e o masculino e feminino.

Algumas teorias afirmam que o carma está relacionado a uma energia que reflete sua personalidade, aparência física, consciência e pensamentos.

Para finalizar, o carma não pode ser visto como uma apologia ao sofrimento, pois é basicamente ação e reação. Veja agora outras definições:

OLHO POR OLHO

Hernani G. Andrade (1913-2003), pesquisador espírita de fenômenos espirituais, orientava: "Muitos acreditam que o carma funciona como a Lei de Talião: 'Olho por olho, dente por dente'. Isso é uma falsa ideia da ação do carma e pensam assim: 'Se eu roubei, cometi injúria ou matei alguém, na próxima encarnação serei roubado, injuriado e assassinado do mesmo modo'. O carma não pode ser visto dessa forma. O malfeitor irá expiar em algum momento da sua vida seus erros sob outra óptica, mas poderá resgatar suas falhas".

Carma coletivo

Existem carmas relacionados a um grupo social, mas também os de cada país, resultante da soma de comportamentos individuais. Desastres aéreos, por exemplo, estão associados a esse tipo de carma. As filosofias que estudam o carma concedem suma importância à educação para evitar prejuízos futuros.

Carma: negativo ou positivo

Em síntese, o carma é negativo e positivo em relação ao nosso destino, já que é uma lei natural. O resultado final reflete a correspondência exata entre a causa e o efeito dos nossos atos. Portanto, somos responsáveis por um bom ou por um mau carma, um bom ou mau destino.

Ao entender o sentido do carma, muitos começam a ter uma vida mais serena, evitando atritos e desentendimentos com as pessoas. Porém, ficar remoendo problemas, não fazer o papel de apaziguador, discutir com os outros e não perdoar o erro dos mais próximos nos distancia do bom carma.

Realidade pentadimensional

Não existe tempo na duração de um carma, já que ele está atrelado à vida do ser humano. Além disso, a experiência obtida em forma de espírito é muito diferente do que ocorre na Terra, onde o tempo é pentadimensional, ou seja, quatro dimensões do espaço mais uma de tempo. O que pode durar horas na Terra, pode representar séculos de aprendizado na vida espiritual.

Não existem meios de estabelecer com segurança um número exato de encarnações para zerar o carma. Provavelmente isso nunca vai ocorrer, pois o progresso do espírito é indefinido. O que você acredita em sua mente, você vive em sua vida, portanto, não importa o tempo de duração do carma em si, mas o que você vai fazer para mudar isso.

O darma

Palavra sânscrita que significa "Lei Natural" ou "Caminho para a verdade", o darma é aceito no budismo, no hinduísmo e no jainismo. Aquele que tem uma vida harmônica (darma) alcança mais rapidamente o nirvana e se liberta da roda da *Samsara* (ou o ciclo de reencarnações).

Queimando o carma

Usa-se com frequência essa expressão quando vivenciamos uma situação como um casamento ruim, por exemplo. Mas, nesses casos, a queima do carma só tem valor se ambos tiverem a consciência de que estão sendo prejudicados e, o quanto antes, liberarem suas vidas para que cada um seja feliz do seu modo.

Podemos considerar essa expressão também na relação conflituosa entre pais e filhos. Muitas vezes, inimigos de outras vidas podem reencarnar na mesma família. A convivência terrena, nesses casos, não passaria de um grande depurador e disciplinador. As encarnações têm o mesmo efeito de uma terapia, só que divina. Em todos os casos em que se vê essa possibilidade, a questão primordial é o perdão.

Para ter um bom resultado, o arrependimento e o perdão devem ser sinceros. Quem falhou deve pedir desculpas, e quem foi prejudicado, deve aceitar verdadeiramente o perdão. "Perdoai aos vossos inimigos" ensinou Jesus. Ressentimento, condenação, mágoa, raiva ou o desejo de ver alguém punido, são coisas que apodrecem a alma, portanto, perdoe. Isso melhora as formas-pensamento de ambos, contribui para evolução, colocando fim a uma ação viciosa.

A doença e o carma

As doenças seriam uma espécie de ajuste prévio feito pelo indivíduo (ainda na sua fase espiritual) e associadas a possíveis anomalias genéticas, além dos vícios, como comer, beber ou fumar em excesso. Chico Xavier explicou que as doenças são resultantes dos ajustes aceitos entre os espíritos e seus superiores. Nem sempre a doença é proveniente de uma vida anterior. Pode ser a necessidade da alma para alertar o indivíduo de erros que estejam cometendo, como a intolerância, a falta de vontade de ajudar os outros ou a preguiça para desenvolver potenciais criativos.

A palavra resgate significa "livrar do cativeiro, resgatar deveres, expiar ou tornar esquecida uma culpa ou uma ofensa". De certo modo, estamos todos resgatando nossas faltas, com o intuito de reparar qualquer erro cometido.

Apêndice D

Deus, uma forma de expressão

Dentro de nós existe uma fonte inesgotável de poder. Esse poder pode nos curar, nos inspirar, nos trazer paz de espírito e, acima de tudo, nos proporcionar o conhecimento direto de Deus.

Deus está intimamente ligado ao nosso dinamismo. Uma pessoa dinâmica é alguém realmente capaz de fazer a diferença no mundo. Essa diferença tem que, de fato, modificar as pessoas e as coisas. A magnitude do seu trabalho pode não ser grande, mas a certeza de que o mundo ficou um pouco diferente porque você viveu e trabalhou nele vai permanecer. O verdadeiro segredo da personalidade dinâmica é acreditar que, independentemente do que fizermos, Deus estará trabalhando por meio de nossos atos. Coloque o serviço Dele em primeiro lugar e seja o mais sincero, prático e eficiente que puder.

A graça, o milagre, a misericórdia e o perdão são divinos e chegam até nós mediante a nossa fé, a nossa confiança e o nível de gratidão a que estamos acostumados a ter. Ter fé é acreditar que coisas boas podem nos acontecer, confiar é entregar-se a Deus, ou ao Universo, ou na crença que você tiver, e crer realmente que aquilo pode acontecer. Toda graça recebida parte do princípio de um ato de fé. Todo milagre vem da certeza de algo maior, de algo divino que pode tornar possível o impossível. E toda misericórdia é a bondade divina nos perdoando por nossos erros. Vejamos um pouco mais como isso funciona.

Fé: entregar, confiar e acreditar

A fé se parece com o grão da mostarda, uma semente tão pequena quando na palma da mão, mas que, quando plantada no solo, cresce, ficando tão grande a ponto de os pássaros se abrigarem em seus ramos e descansarem à sua sombra.

Dizem que a fé pode transportar montanhas e é irmã do sentimento da certeza e prima da confiança. Portanto, não tenha dúvidas, para que tudo seja possível, basta acreditar. É evidente que não se trata de intensidade pura e simples, ou de uma certeza vã, mas da certeza da verdade.

A fé que pode transportar montanhas não tem relação alguma com a bagagem intelectual, seja qual for sua intensidade; mas ela é o resultado da união do ser humano que pensa e que se sente em sintonia com o Ser Supremo – Deus. Por isso, a ilusão não pode gerar a fé, e os milagres resultantes da fé são testemunhos da verdade.

O ato de fé é também uma operação de magia divino-humana, que se baseia na integração com a divindade. A fé de que nada é impossível é um estado da alma no qual Deus também age. Deus acrescenta a intensidade da certeza e o poder da palavra, tornando os milagres possíveis. Essa certeza não é lógica e nem de autoridade. Ela é atingida pelo esforço de seu pensamento, pela confiança da oração, pela meditação e pelo esforço moral.

Se você entende com dificuldade o significado da palavra *fé*, substitua por boas ações. Desde que elas sejam completamente alheias aos interesses pessoais, provavelmente a pessoa que pediu com fé alcançará, por meio de orações, decretos ou intenções, a ajuda desejada. Li certa vez, em um livro de alquimia, que nosso Deus interior residia nos joelhos. Achei interessante, já que o ato de prosternação é de profunda humildade, que é também irmã da fé.

A fé transforma-se em pensamentos, volições espirituais, ocorrendo assim as transmutações. Os alquimistas conseguiam transformar chumbo em ouro, ignorância em sabedoria, ou seja, o poder da vontade em poder ativo e vivo.

Transforme sua vida com um ato de fé.

A graça atendida

A palavra "graça" deriva do latim *gratia* e significa "favor, benefício" e não foi inventada pelo cristianismo, ela também está no Antigo Testamento.

A graça é o dom de Deus que contém todos os outros dons, incluindo o de seu Filho (Rm 8:32). No Antigo Testamento, a palavra "graça" está presente como promessa, esperança, fidelidade generosa para com os seus, firmeza inabalável, concedendo a plenitude de seus direitos e de satisfazer as aspirações de todos.

Deus está sempre pronto a nos conceder graças, já que não se trata de um tesouro ciumentamente guardado.

O ato que traduz o efeito produzido pelo homem é a bênção. Ela é mais que uma proteção, é a aliança entre Deus e o homem.

Cada ser humano, como filho da potencialidade divina, tem dentro de si o direito à obtenção da graça, basta que o peça; a graça é possível por meio da fé, fazendo, assim, um nascimento para a existência de uma nova vida.

Todos nós temos a capacidade, em algum nível, de influenciar a força poderosa da oração para obtermos a graça desejada.

Em Mateus, cap. 7, versículo 7, diz "Pedi, e dar-se-vos-á; buscai, e achareis; batei, e abrir-se-vos-á".

O que nos diz esse versículo? Evidentemente, diz que recebemos aquilo que pedimos. Por isso, é importante que sua prece não seja uma repetição vazia. O ensinamento implica no caráter preciso das leis mentais e espirituais. O apóstolo Paulo (5 d.C. – 67 d.C.) recomenda que, com louvor e graça se faça os pedidos. Resultados extraordinários podem ser obtidos com esse método simples de oração. O coração agradecido está sempre perto das forças criadoras do universo, fazendo com que bênçãos incontáveis flutuem em sua direção.

Milagres ocorrem para pessoas que acreditam em milagres

A palavra milagre significa "algo extraordinário, admirável, maravilhoso", ou seja, uma ocorrência que produz admiração ou surpresa. Não pode ser explicado pelas leis da natureza ou por equações abstratas.

Quem foi agraciado por um milagre cita que a bênção ocorreu depois de ter feito uma oração com muita fé, pois ela tem força e, por meio dessa força, ocorre a revelação "o saber em que crer".

Para Helena Blavatsky, "milagre é todo fenômeno que excede o poder do homem. Conhecemos apenas uma pequena parte das leis naturais. Muitas outras não conseguimos explicar".

Esteja certo de que milagres existem para pessoas que acreditam em milagres. Eles acontecem todos os dias, mas muitas pessoas não percebem, pois não param de reclamar das mazelas da vida.

Tudo está interligado: o que existe faz parte da mesma substância divina. Deus realiza milagres para atender a um desígnio proveniente de um decreto divino.

Milagres existem para corrigir a direção ou os defeitos dos seres humanos. Agindo como catalisador, quebra a percepção errada e reorganiza tudo adequadamente.

No Brasil, multiplicam-se santuários religiosos para agradecer alguns fenômenos de cura relacionados diretamente aos milagres. Notícias sobre milagres se espalham, atraindo peregrinos de várias religiões.

O milagre, nos dias atuais, está de "cara nova", pois acontece na convivência harmoniosa entre a religião, a ciência e os que acreditam ou não.

Hoje, as pessoas entendem que o milagre está na esfera das possibilidades, do que conhecemos. Onde existe amor, existe o milagre.

Princípios dos milagres

- Não existem dificuldades para se alcançar um milagre.
- O milagre ocorre naturalmente, como expressões de amor.
- Milagres são hábitos que devem ser involuntários e não podem estar sob o controle consciente.
- É direito de todos receber milagres. Antes, porém, uma transformação mental é necessária.
- A oração é um veículo dos milagres.

- Milagres são pensamentos que se transformam no nível mais alto e espiritual da experiência.
- Os milagres são convincentes e se prestam como serviços para que uma pessoa possa ajudar outra.
- É o milagre que desperta a consciência de que o espírito (e não o corpo) é o altar da verdade.
- Milagres são caminhos para ganhar a libertação do medo.
- O milagre deve inspirar gratidão e não reverências.
- Pessoas amáveis recebem milagres mais facilmente, porque Deus vê a luz emanada de seus corações.
- Milagres restauram a mente em toda a sua plenitude.
- Ao receber o milagre, a necessidade do tempo diminui.
- O recebedor do milagre se transforma em outra pessoa, repleta de amor.

Misericórdia e verdade

Compaixão, perdão, piedade são algumas definições para a palavra misericórdia, que vai muito além disso. Ter misericórdia é ser solidário à dor, é sentir com o sentimento do outro, é estender a mão a quem mais precisa no momento em que todos lhes viraram as costas. Ser indulgente eleva nosso ser. Apelar pela misericórdia divina nos faz humildes e verdadeiros.

No versículo 11 do Salmo 84 do livro *Salmos – Interpretados por Monica Buonfiglio* vemos: "A misericórdia e a lealdade um dia se encontrarão com a justiça e com a paz, e todas se beijarão". Esse versículo enuncia uma grande lei espiritual. "A misericórdia e a verdade se uniram", isso significa que, ao se deparar com uma dificuldade, a salvação consiste em saber a verdade sobre ela. Quando percebemos a verdade, recebemos a misericórdia. A segunda metade do versículo diz que a justiça e a paz se beijaram. A justiça significa o modo correto de pensar, e a lição que se tira daqui é que isso resulta em paz.

A mais sublime misericórdia que a humanidade teve foi a que Deus teve por nós. Deus nos perdoou, Ele nos amou. Mesmo vendo todos os nossos erros e nossos pecados, Ele enviou o seu filho para nos salvar. E, mesmo não sendo ele acometido de nenhum pecado, Jesus sofreu por nós e foi por sua misericórdia que fomos salvos.

O PODER DO PERDÃO

Numerosas pessoas criam resistência ao fluxo da vida, porém, a vida nos perdoa sempre. Ela não alimenta rancor contra ninguém. Perdoar o próximo mentalmente (sem necessariamente voltar a conviver com a pessoa) é essencial se quisermos paz mental e saúde radiante. Perdoe a si mesmo. Além de fazer bem espiritualmente, você ficará livre de qualquer doença psicossomática.

Técnica do perdão: "Total e livremente perdoo (pense no nome de quem o ofendeu). Absolvo-o mental e espiritualmente. Perdoo tudo ligado ao assunto em questão. Estou livre e ele está livre. Esse sentimento é maravilhoso. (...) Absolvo todos os que já me feriram e desejo saúde, felicidade, paz e bênçãos da vida. Estou livre e eles estão livres. É maravilhoso. Que a paz esteja conosco".

FAÇA DA GRATIDÃO A SUA ROTINA

A palavra gratidão tem origem no termo do latim *gratus*, que pode ser traduzido como agradecido, grato ou *gratia*, que significa graça. É a expressão de um sentimento que se traduz basicamente como o reconhecimento ou com a retribuição a alguém, ou a uma divindade que tenha proporcionado de alguma forma um conforto ou um desejo atendido. É um reflexo, uma emoção por saber que uma pessoa fez uma boa ação, prestou algum auxílio ou um favorecimento a outra. Gratidão é uma espécie de dívida sem cobranças, é querer agradecer a outra pessoa por ter lhe feito algo muito bom sem que ela lhe peça nada em troca.

A gratidão torna feliz tanto a pessoa que faz quanto a que recebe. É um sentimento nobre, que quando cobrado perde seu valor.

Estudos confirmam que gratidão é um sentimento que está intrinsecamente ligado à felicidade e à prosperidade. Ela é um dos requisitos para o sucesso, pois pessoas gratas tendem a ter compaixão, tendem a ver a vida pelo prisma da bondade e do otimismo.

Ser grato por educação é uma obrigação, mas não é disso que estamos falando. Não basta simplesmente expressar gratidão, tem que sentir verdadeiramente, no fundo da sua alma, dentro do seu ser. Pessoas bem-sucedidas costumam ser gratas. Mas há também pessoas que se deram bem na vida e não expressam gratidão, estas, com certeza, não são felizes.

Agradeça por cada gesto de sua vida, por cada ato realizado, por cada sentimento auferido. Agradeça ao acordar e ao dormir, faça isso naturalmente, não é uma obrigação é um estado de espírito. Agradeça por cada experiência vivida, até mesmo as más, que, com certeza, lhe trarão experiências e aprendizados.

No *Tratado de Gratidão* escrito por São Tomás de Aquino ele diz que a gratidão possui três diferentes níveis de compreensão.

- Reconhecimento da graça recebida.
- Sensação de gratidão de emoção por ter recebido uma ajuda espontânea.
- Retribuição da graça recebida, não por obrigação, mas para permitir que outras pessoas experienciem o mesmo sentimento.

Ser gratos pelo que temos e aceitar melhor o que não temos nos torna pessoas mais felizes. A gratidão tem um poder enorme, transforma aquilo que você tem em suficiente e aumenta seu grau de contentamento. A vida é uma verdadeira bênção. Nunca se esqueça de ser grato pelas coisas boas da vida e de agradecer às pessoas que fazem algo de bom para você.

Apêndice E

Decretos e Orações

Nas palavras está contido o poder criativo de Deus, que modela as formas correspondentes do plano astral, transformando pessoas e lugares.

Decretar significa "ordenar com autoridade superior". O decreto provindo da Fraternidade Branca é considerado uma oração (e também uma afirmação) repleta de palavras doadoras de paz e harmonia que se expressam durante a prece.

O decreto (que está relacionado aos mestres ascensionados) serve para equilibrar o uso das palavras e retirar os pensamentos imperfeitos.

O poder de decretar está em quebrar a egrégora negativa de uma situação e transformá-la em positiva, quem decreta tem que estar inserido em um padrão que o qualifica de maneira poderosa para que, desta maneira, ocorra o merecimento da oração na medida exata.

Quando iniciamos um decreto, sempre invocamos a presença de Deus, para que este perdure no plano astral por muito mais tempo. Depois da leitura, o decreto é sustentado por anjos que se manifestam na vida dos seres humanos de maneira viva, pensante e inteligente.

Ao ser lido três vezes, o decreto passa a ter mais força e, assim, "a consciência externa do ser físico, a consciência sagrada do Cristo interno e a Onipotente consciência de Deus" ficam unidas.

O decreto está de acordo com as leis benéficas do Universo. Por isso, tem o poder de atrair os mestres ascensionados e os anjos, trazendo equilíbrio aos seres humanos, transformando as palavras em virtudes, ajudando a obter a reposta para um determinado problema.

A ação positiva do decreto expande a aura do ser humano. Ele é sempre positivo, é uma invocação a Deus e aos seres angélicos.

A Bíblia está cheia de orações e tratamentos poderosos. Os salmos 22 (23 na Bíblia cristã) e o 90 (91 na Bíblia cristã) são exemplos disso. Os religiosos consideram essas orações tão eficazes, que o bem proporcionado em seguida é quase imediato. Ao orar, você tem uma expansão da consciência que traz bons resultados.

Use o salmo 22 quando necessitar de algo importante. Sua leitura sempre nos inspira, conforta e traz bons resultados.

Leia o salmo 91 quando tiver uma sensação de medo ou de apreensão.

Em Daniel, capítulo 6, você encontrará conforto quando suas dificuldades estiverem, de fato, quase insuportáveis.

Na Epístola aos Hebreus, capítulo 2, vai encontrar alívio para as suas dúvidas e para o desânimo.

Tiago, capítulo 1, é repleto de psicologia e metafísica. Um curso em instrução, por si só. Tiago é profundo, muito prático e bastante pessoal.

O Êxodo, capítulo 15, é uma canção de triunfo e de graças pela oração atendida. A ação de graças é uma forma muito poderosa de oração.

E em Epístola aos Coríntios, capítulo 13, a execução da lei é uma determinante. O melhor atalho para a saúde, harmonia e êxito; o Portal de Ouro.

Vamos manter os decretos no gênero masculino, substitua conforme o seu desejo.

Decretos Espiritualistas

Decreto em benefício ao corpo emocional

Amada presença divina em meu pulsante coração. Fonte de minha vida em vosso santo nome. Com vosso amor, sabedoria, força e autoridade, invoco a Deus.

Deixai fluir e flamejar agora e sempre o crescente mar da chama violeta do amor libertador em mim, a meu redor, em todo meu ser e em meu mundo, principalmente por todo meu corpo emocional.

Deixai a chama sagrada do fogo violeta afrouxar e fazer cair todas as substâncias pesadas e transformai-as em essência luminosa, substituindo-as pela pura substância da luz e pelos sentimentos de meu próprio ser divino, agora e sempre.

Deixai meu Sagrado Cristo interno assumir imediatamente o completo e eterno controle do meu ser e de meu mundo e deixai-o viver em mim e através de mim. Tudo o que peço é também para toda a humanidade.

Aceito tudo isso realizado instantaneamente com todo o poder da divindade.

Decreto ao Sagrado Cristo interno de outro irmão

Deus em mim e amada Presença de Deus em _____ (Mentalize o nome da pessoa específica).

Eu vos abençoo. Eu vos abençoo. Eu vos abençoo.

E sei que vós sois a capacidade de transmutar todo negativo em positivo.

Em vosso nome me dirijo ao Cristo interno em _____ e lhe falo diretamente:

Eu vos saúdo e reconheço que sois um perfeito filho de Deus, generoso, nobre, justo, inteligente e amoroso; que sois a verdade, a harmonia e a paz, e que não quereis que vosso Eu inferior se conduza de nenhuma forma contrária ao conceito imaculado.

Eu vos amo e agradeço, porque sei que estais pondo em ordem o vosso Templo.

Com todo o Poder da Presença de Deus e do raio do amor eterno.

Peço a Deus a paz, a bondade e a verdade em seu coração.

Amém.

Decreto do perdão

Eu perdoo, perdoo, perdoo, a cada pessoa, lugar, condição ou coisa que me tenha feito mal, de qualquer modo, em qualquer momento, por qualquer razão, e agora me envolvo em amor e a todas as dívidas a mim devidas pela vida.

Eu invoco a lei do perdão para mim mesmo e para toda a humanidade pelo mau uso da energia sagrada de Deus.

Perdoe-me. E à medida que somos perdoados enviamos uma dádiva de amor para equilibrar todas as dívidas à vida que alguma vez tenhamos contraído e que ainda estejam sem pagar.

Nós somos gratos pela lei do perdão que nos permite amar a vida livre da roda do mau carma antes que ele possa se manifestar ou ser sustentado por mais tempo.

Aceito isto do modo mais sagrado que existe.

Amém.

Decreto para encontrar o companheiro perfeito

Eu sou um filho de Deus puro, divino e perfeito, porque fui criado à sua imagem e semelhança. Nenhuma outra pessoa tem exatamente as mesmas qualidades que possuo, apesar de todos termos um denominador comum, Deus; essa Chama Divina dentro de cada um de nós.

Neste mesmo instante há uma pessoa que anela internamente ser minha companheira de toda a vida, e que saberá apreciar o que sou e o que desejo expressar. A lei do Bem Absoluto está atraindo para mim essa pessoa.

O Espírito de Deus é a suprema atração do Universo. Eu sou parte integrante desse Espírito em manifestação, e a Essência dessa suprema atração. Em meu desejo de ter uma companheira, não existe egoísmo algum de minha parte, já que em minha consciência existe somente o amor de Deus, que não conhece egoísmo.

Ajudai-me, Pai, a compreender que da mesma maneira que estou anelando ter a meu lado essa pessoa, também ela está ansiando por seu companheiro perfeito.

Preparo-me para a chegada da minha companheira, porque minha palavra põe em movimento a lei imutável do amor divino.

Ajudai-me, eu vos peço, a deixar de lado qualquer sentimento de solidão que chegue a mim, e a olhar, com fé e esperança, que vós fareis chegar a mim as amizades perfeitas no momento propício.

Fazei-me ter sempre presente que, para conseguir amigos, antes de qualquer coisa tenho que ser um amigo, e que para que me amem, antes eu tenho que amar.

Deste instante em diante vos prometo fazer a minha parte. Abro minha mente e meu coração, e me preparo para receber com os braços abertos a chegada de minha companheira, se essa for a vossa vontade.

Eu vos agradeço, amado Pai, pelas muitas evidências e manifestações de vosso infalível amor e companheirismo, que sempre me consolam e sustentam, e me fazem compreender que nunca estou só.

Que assim seja!

Decreto de proteção ao casamento

Eu sou um círculo[5] mágico de proteção ao meu redor, que é invencível. Repele todo elemento perturbador e todo o perigo que tentar penetrar para me prejudicar. Eu sou a perfeição em meu mundo, que é autossustentada.

Eu e meu companheiro somos a fé no Todo-Poderoso.

Nós somos um círculo repleto da Chama da Paz.

Neste momento preencho este círculo com as chamas de cura, com saúde e vitalidade plenamente manifestadas.

Amém.

---

5. O círculo é uma das maiores defesas do Universo, pois no momento da oração uma qualidade angélica preenche o espaço protetor, limpando os miasmas negativos do espaço ou pensamento.

Decreto para obter saúde

Em nome de Deus,
Peço que regenere todas as células do meu corpo,
Eliminando qualquer miasma negativo,
Manifestando agora mesmo a perfeição.
Eu vos agradeço, Deus,
Pela realização perfeita deste decreto.
Eu vos agradeço, Pai,
Pela realização perfeita desta ordem.
Aceito, agora, que tudo se realize poderosamente
E fique autossustentado até a plena vitória,
No sagrado nome de Deus,
Amém.

Decreto para eliminar o medo

Em nome do poderoso sagrado Cristo,
Eu lhe agradeço pela proteção que me concede.
Agradeço por permitir que eu cumpra, na Terra,
Minha missão física e espiritual.
Por isso, recorro em Cristo,
A manifestação da harmonia, sanidade e equilíbrio.
Eu agradeço pela segurança e proteção concedida a mim,
E a todos os membros da minha família.
Amém.

O poder da oração[6]

A oração é a força da invocação e do encanto. Com ela, os egípcios invocavam os grandes deuses para ter o dom da palavra. Na religião judaico-cristã, a palavra "amém" é usada após a oração. Amém é formada por "a", "m" e "n", semelhante a Jehovah Adonai que significa "verdade".

A oração só é bem-feita quando praticada com fé. Não duvide do seu poder nem por um minuto. Muitas pessoas perdem o contato com Deus ao desistir de rezar.

Quando fazemos uma oração, acontece uma reação em cadeia, ou seja: minha oração influencia a vida de meu filho que, por sua vez, influencia sete outras vidas, e cada uma dessas sete vidas influencia mais sete, e assim por diante. A força da oração consiste em ter na mente esta frase: "Age como disseste". A expectativa do resultado da sua oração deriva da sua fé, que nesse sentido pode ser colocada à prova, esperando para que a graça seja alcançada.

Em Marcos, encontramos: "Se ele crê e através da oração tem certeza do resultado obtido, ser-lhe-á concedido" (Mc 11:23). A perseverança serve para ser provada; por isso, tenha disciplina no seu pedido.

Segundo uma pesquisa realizada no St. Luke's Hospital, de Kansas City, nos EUA, os doentes que rezam ou recebem preces de outras pessoas sofrem 10% menos de complicações. A notícia foi publicada no Boletim da Associação Médica Americana. O estudo investigou 990 pacientes, divididos em dois grupos. O primeiro foi objeto de orações e o segundo não realizou qualquer tipo de oração. Ao final de um mês, verificou-se que as complicações eram 10% menores no primeiro grupo. Pesquisas anteriores haviam mostrado que os doentes que rezam apressam melhor sua evolução clínica, embora os céticos interpretem como simples efeito de autossugestão.

---

6. Fonte: *A Magia dos Anjos Cabalísticos* de minha autoria, e *Faça a sua vida valer a pena* de Emmet Fox. Editora Record/Viva Livros.

Gandhi escreveu sobre a oração: "É preferível orar com o coração, sem encontrar palavras, a achar as palavras sem a adesão do coração".

Desejo que você alcance o *batah*, que significa "ter a confiança" em Deus, onde passamos das lágrimas ao riso.

Oração para atrair a abundância

Ó, Deus Todo-Poderoso, presente no meu coração,

Demanda, em mim, a chama violeta da transmutação,

Para que minha vida seja colocada em ordem.

Deus, com sua majestosa autoridade e poder,

Conceda a liberdade e a autoridade da prosperidade,

Para que eu possa atrair a abundância à minha vida,

Ao meu lar, a minha família, aos meus amigos e a todo o Planeta Terra,

Amém, Amém.

A oração realmente muda as coisas

Muitas pessoas dizem que a oração é algo bom porque nos dá coragem e força para enfrentar nossas dificuldades. O principal é que ela transforma o problema em harmonia, abre caminho para coisas novas, melhores e não remenda as coisas velhas.

A oração que traz resultados, aquela que funciona, é simples, direta e espontânea. Jesus disse que, na oração, devemos nos dirigir a Deus do jeito que as crianças se dirigem aos pais. As orações curtas quase sempre são melhores do que as longas. Lembre-se de que orar significa "pensar em Deus".

Torne suas orações o mais simples possível, tanto no estilo como na ideia. O segredo da oração bem-sucedida é ser direta e espontânea. Tão logo a oração se torna complicada, literária ou extravagante, transforma-se num exercício intelectual e deixa de ter o poder espiritual.

Deus trabalha com alegria

Não ore nem medite por obrigação. Conscientize-se de que a oração é uma visita a Deus e, por isso, deve ser repousante, alegre e não uma visita desagradável. Ela deve ser feita, se possível, com serenidade ou alegria, ou seja, como a melhor forma de expressão divina.

Uma maneira de orar

Tem alguma dúvida quanto ao caminho a tomar? Assevere-se de que Deus o está inspirando, ensinando e curando. Se houver alguma coisa específica, grande ou pequena, perturbando a sua vida, tenha certeza de que Ele vai curar e creia nisso. Agradeça o privilégio de se comunicar com Deus, por sua paz de espírito, harmonia e o crescimento espiritual que a oração sempre traz. E o principal: seja sincero.

É egoísmo orar para si mesmo?

Algumas pessoas acham que sim e dizem que devemos orar apenas aos outros, mas isso é uma ideia tola. Você deve orar para si constantemente. O progresso espiritual será lento enquanto estivermos preocupados, assustados, ressentidos, doentes ou desanimados. Tudo isso pode ser superado com o poder da oração.

A força da oração

Qualquer que seja o seu problema a oração pode ajudar. Lembre-se de que estará orando sempre que estiver pensando em Deus, lendo a Bíblia, um livro espiritual ou meditando. Qualquer uma dessas ações que você estiver fazendo estará se espiritualizando ou se acercando ainda mais de Deus.

Labuta mental não é oração

Longos períodos de oração podem não funcionar. Às vezes, pessoas dizem que oram 50 "Ave-Marias", 100 "Pai-Nossos". Na metafísica, esse tipo de repetição de oração não eleva a sua consciência. Ao contrário, cansa e desanima por estar tentando forçar uma percepção imediata. Tal procedimento está fadado ao fracasso. Ore de modo sereno e sincero. Você receberá a graça no momento mais apropriado.

Como funciona a oração?

A oração sempre ajuda, na medida da nossa convicção. As coisas acontecerão em conformidade com a nossa fé. Ela funciona modificando a parte subconsciente da mente, apaga o medo e destrói as ideias falsas que andam causando problemas. Cada dificuldade que você tem não passa da corporificarão de uma ideia negativa que é acionada por uma carga de medo. A oração apaga tais pensamentos negativos. Ela não age diretamente no seu corpo ou na sua mente consciente, mas age no subconsciente e muda a sua mentalidade. Assim, o quadro externo também tende a mudar.

Na hora do perigo

"Aquele que invoca o nome do Senhor será salvo" (Epístola de São Paulo aos Romanos 10:13).

Na hora do perigo, a melhor oração é tomar consciência serenamente do poder protetor do amor de Deus. As condições, às vezes, parecem piorar, mas é nesse momento que nos apegamos à Verdade. Muitas pessoas têm fé suficiente em Deus para confiar Nele por algum tempo, mas, se a resposta não for imediata, a sua fé desmorona. Pedro, ao tentar caminhar sobre as águas, é um exemplo disso (Mateus 14:29-31). Portanto, qualquer oração ou texto que o ajude a perceber o amor e a presença de Deus é uma proteção em sua vida.

A oração é sempre uma resposta

A oração é sempre a solução. Não importa o tipo de dificuldade que você está enfrentando ou o quão complicado o seu problema pareça ser. A oração concede à sua vida a descoberta dos próprios caminhos e os meios para resolver os problemas. Mesmo que tenha ideias muito definidas sobre determinada situação, não deve se sentir tentado a dizer: "É inútil orar por causa disso, já que estou resolvido a tomar tal atitude amanhã de qualquer maneira". Ore mesmo assim, e quando "o amanhã" chegar, terá a liberdade de fazer o que quiser.

Mudar o foco

A oração consiste em tirar um problema da cabeça pela percepção da Onipresença de Deus e é, sem dúvida, a forma mais eficiente de aclamação. Muitas vezes, um simples correr de olhos pela Bíblia, até se fixar em um texto inspirador, já traz resultados extraordinários.

Ao orar por uma pessoa doente, evite enumerar e fixar os sintomas. Ore pela cura e pela saúde. Ao orar para um soldado na guerra, pedimos por sua segurança e por seu bem-estar. Não pedimos para protegê-lo de tiros, bombas e outros perigos, pois isso significa concentrar-se no lado negativo.

Seis observações sobre a oração:

- A oração diária, quando estabelecida como hábito, torna-se uma linha vital de comunicação inquebrantável.
- A oração mais poderosa de todas é a comunicação desinteressada com Deus.
- Quando uma oração se torna uma carga, ou um dever, está na hora de desistir de rezar.
- Se você está preocupado ou sua mente parece embotada, tente correr os olhos pela Bíblia ou por seu livro espiritual predileto.
- Seja receptivo a Deus. Não fique apenas pedindo. "Aquietai-vos e sabei que Eu sou Deus".
- Ore suavemente. Não tente apressar o Senhor. Se puder se libertar desse sentimento de urgência, as suas manifestações virão muito mais rapidamente.

Considerações finais

Espero de coração que a leitura deste livro tenha contribuído para melhorar sua autoestima, na obtenção de respostas às suas dúvidas ou angústias e que seu coração tenha ficado mais amenizado.

Quero que seja capaz de reconhecer as qualidades divinas que você tem internamente. Todos nós temos essas qualidades e podemos chamá-las de Deus, de Divindades, de Anjos, de Devas ou como preferir; o que realmente importa é que o amor sempre é um caminho para se chegar às esferas superiores.

Vamos fazer o exercício diário da reflexão para despertar a divindade interior e confiar nessa fonte inesgotável de sabedoria.

Lembremo-nos das palavras de Jesus quando Ele diz, em João 10:34: "Não está escrito em vossa lei, Vós sois deuses?".

Lute contra a inércia e tenha forças para dar a volta por cima. O despertar da divindade deve ocorrer em todas as esferas para a plena comunhão espiritual.

O ser divino que habita em nós nunca dorme, viaja ou se ausenta. Basta contatá-lo, já que é uma fonte inesgotável de poder. Não existe a necessidade de procurá-lo no nosso exterior. Fique tranquilo que tudo acontece no momento certo.

Não somos seres destinados ao sofrimento, mas à felicidade. Basta estarmos abertos para que isso ocorra.

O caminho da iluminação é esse: a reflexão constante e disciplinada. Somos fazedores de milagres, cabe a nós acreditar.

Finalizo esta obra repetindo o que escrevi na introdução: se fizermos de nós um anjo, purificando nossa mente e nossa alma, seremos um anjo.

Se fizermos de nossa vida um inferno, sabemos muito bem o que vamos encontrar. Se pensar constantemente na guerra, será guerra; se pensar no fogo, será fogo. Por isso tudo, pense no amor e será amor.

Namastê!

> O Deus que habita em mim saúda o Deus que habita em você.

Bibliografia

BLAVATSKY, Helena. *Glossário teosófico*. São Paulo: Ground, 1991.

BONDER, Nilton. *A arte de se salvar*. São Paulo: Rocco, 2011.

____. *A cabala do dinheiro*. São Paulo: Rocco, 2010.

BUONFIGLIO, Monica. *A magia dos anjos cabalísticos*. São Paulo: Alfabeto, 2018.

____. *Almas gêmeas: aprendendo a identificar o amor da sua vida*. São Paulo: Editora Monica Buonfiglio, 1996.

____. *Anjos cabalísticos*. São Paulo: Alfabeto, 2018.

____. *Anjos conspiradores: a sexta-raça da era de aquário*. São Paulo: Editora Monica Buonfiglio, 1999.

____. *Proteção, relatos de histórias vividas*. São Paulo: Editora Monica Buonfiglio, 1997.

____. *Salmos – interpretados por Monica Buonfiglio*. São Paulo: Alfabeto, 2019.

FOX, Emmet. *Faça sua vida valer a pena*. Rio de Janeiro: Viva Livros, 2012.

FREUD, Sigmund. *O mal-estar da cultura*. Porto Alegre: L&PM, 2010.

GLASS, Lillian. *Pessoas maléficas*. Rio de Janeiro: Best Seller, 1995.

MARKERT, Christopher. *Yin-yang: polaridade e harmonia em nossa vida*. São Paulo: Cultrix, 1993.

MURPHY, Joseph. *O poder do subconsciente*. Rio de Janeiro: Best Seller, 2012.

SARTRE, Jean-Paul. *Entre quatro paredes*. São Paulo: Civilização Brasileira, 2005.

YUZAN, Daidoji. *Bushido – O Código do Samurai*. São Paulo: Madras, 2004.

Conheça outros livros da mesma autora

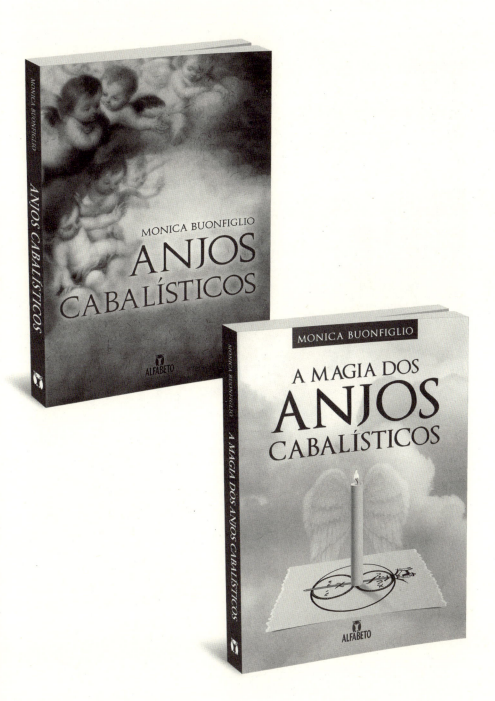

Conheça outros livros da mesma autora

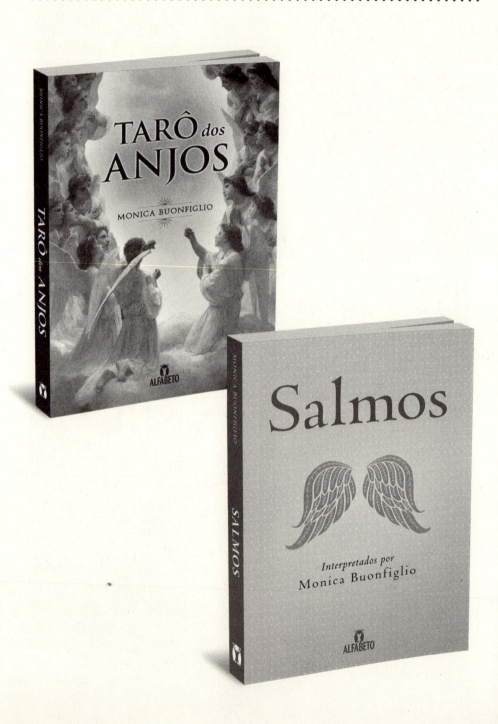